D1691101

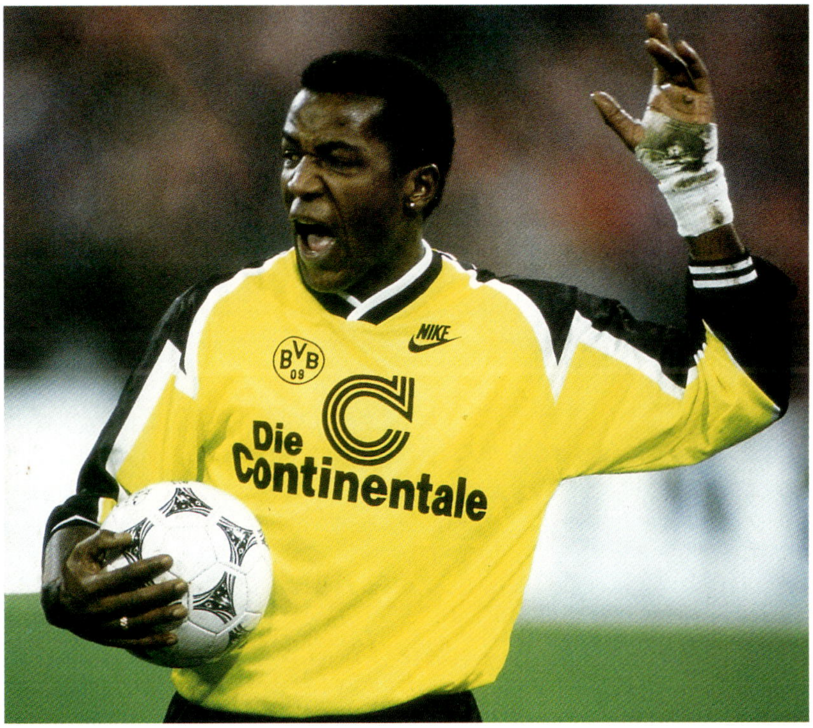
NIKE
BVB 09
Die
Continentale

TOP 20

Die besten Bundesligaspieler

Karlheinz Mrazek

COPRESS SPORT

Inhalt

Zu diesem Buch 7

Krassimir Balakov 8
Häuptling des magischen Dreiecks

VfB-Spieler staunten 9 · Daten und Fakten 9 · Ein unschlagbares Trio 9 · Karriere-Highlights 10 · 80 000 Unterschriften 11 · Keiner wollte ihn ... 12 · Vertrag bis zum Jahr 2000 12

Torjäger: Jürgen Klinsmann nimmt Maß.

Mario Basler 13
Solist mit viel Ballgefühl

Vom DFB übersehen 13 · Rehhagels Glücksgriff 13 · Karriere-Highlights 16 · Zweimal Rot zum Auftakt 16 · Traumtore 17 · Kein Turnierglück 18 · Der teuerste Transfer der Bundesliga 18 · Basler bleibt Basler 19 · Daten und Fakten 19

Fredi Bobic 20
Van Basten auf die Füße geschaut

Aller Anfang ist schwer 20 · Daten und Fakten 22 · Torschützenkönig in der Oberliga 22 · Karriere-Highlights 22 · »Brutales Wir-Gefühl« 22 · Senkrechtstart in der Bundesliga 23 · Bemerkenswerte Ansichten 26

Sean Dundee 33
Ein Diamant aus Südafrika

Karriere-Highlights 34 · 24 Tore in der Regionalliga 35 · Bayern schon zugesagt 35 · Die schnellsten Hattricks der Bundesliga 36 · Mißglücktes Debüt 36 · Eine großartige Saison 36 · Daten und Fakten 36 · Das Schnäppchen 37

Júlio César 27
Volltreffer für Borussia Dortmund

Schienbeinbruch in Turin 27 · Abschied im Zorn 28 · »Júlio, du darfst nicht gehen« 28 · Karriere-Highlights 29 · Daten und Fakten 32

Stefan Effenberg 38
»Ein Jasager werde ich nie«

Traumtor gegen den Meister 38 · Eine gehörige Portion Chuzpe 39 · Daten und Fakten 40 · Regisseur und Rüpel 40 · Karriere-Highlights 40 · »Wagnerischer Dirigent« 42 · »Der packt es nicht« 42 · Offerte von Juventus 42 · Verbannung 42 · Rüßmanns großer Coup 43 · Vertrag bis 2000 44

Im Freudentaumel: Fredi Bobic und Giovane Elber

Wortgewaltiger Chef: Stefan Effenberg

Oliver Kahn 67
Ein Könner, der zum Kumpel nicht taugt

Ablehnung als Motivation 67 · Karriere-Highlights 68 · Drei harte Jahre 69 · Dreimal Kahn 69 · Rekordpreis 72 · Daten und Fakten 72

Giovane Elber 45
Der mit dem Ball tanzt

Röbers Verdienst 45 · Schule für Straßenkinder 46 · Liebling der Bundesliga 46 · Tore als Kunstwerk 46 · Daten und Fakten 46 · Ohne Machtstreben 50 · Karriere-Highlights 50

Thomas Helmer 56
Der Chefdenker der Bayerntroika

Notendurchschnitt 1,8 57 · Das Phantomtor 58 · Debüt in Stockholm 58 · Libero auf Zeit 58 · Karriere-Highlights 59 · Daten und Fakten 60 · Ein Musterprofi 60 · Fauler Trick 60

Jürgen Klinsmann 73
Der Abräumer

Karriere-Highlights 74 · Seine schönsten Tore 75 · Globetrotter 76 · Daten und Fakten 78 · Auf dem Weg zum Superstar 78 · Querelen mit Matthäus 78 · Klinsmann als Bösewicht 82 · Zurück auf die Insel? 82

Thomas Häßler 51
Icke, der Dauerbrenner

Rücktrittsgedanken 51 · Karriere-Highlights 52 · Harte Zeiten in Köln 52 · Daten und Fakten 52 · Der Vater las ihm die Leviten 52 · Krach liegt ihm nicht 53 · Opfer einer Intrige? 54 · Noch nie vom Platz gestellt 54

Andreas Herzog 62
Grandioses Comeback an der Weser

Mobbing und Intrigen 62 · Beckenbauers Affront 63 · Daten und Fakten 63 · Ein kompletter Fußballer 63 · Karriere-Highlights 66 · Meister im Einstandsjahr 66

Dortmunder Triumvirat: Andreas Möller, Matthias Sammer und Júlio César

Lothar Matthäus 83
Aufgeben ist für ihn ein Fremdwort

Die Jungstars beschämt 83 · Karriere-Highlights 84 · Verdacht gegen Klinsmann 85 · Debüt als Libero 88 · Daten und Fakten 88 · Von Vogts abserviert 89

Peter Nowak 97
Der König der Löwen

Vater Franz als Lehrer 97 · Karriere-Highlights 98 · Daten und Fakten 98 · Plötzlich sehr begehrt 98 · Bei Rausch überflüssig 99 · Schwabls Bekenntnis 99 · Zwei Pässe 100 · Der beste Vertrag aller Zeiten 100

Mehmet Scholl 107
Ein Filou: ohne Respekt, aber mit Pfiff

Schule geht vor 107 · »Rehhagel oder ich« 108 · Karriere-Highlights 109 · Daten und Fakten 110 · Liebling der Fans 110 · Typisch Scholl 110 · Ein starkes Plädoyer 110

Andreas Möller 90
Wunderknabe mit zweifelhaftem Ruf

Lob von allen Seiten 90 · Karriere-Highlights 92 · Frankfurter Rangeleien 93 · Daten und Fakten 94 · Viel Erfolg, viel Geld 94 · Rückkehr nach Dortmund 94 · Vom Fiskus verfolgt 95 · Böses Foul an Basler 95

Matthias Sammer 101
Wo es sein muß, geht er auf die Barrikaden

Karriere-Highlights 102 · Gelungener Einstieg 103 · Mailand ein Reinfall 103 · Ein König Midas 103 · Daten und Fakten 104 · Kritik bei Meisterfeier 104 · Heimlicher Herrscher 104 · Unbändiger Siegeswillen 104 · Europas Nummer 1 106

Paulo Sergio 112
Künstler, Kämpfer und gefährlicher Torschütze

Fulminanter Bundesligastart 112 · Karriere-Highlights 113 · Ärger auch mit Ribbeck 114 · Daten und Fakten 114 · Daums Therapie 115

ZU DIESEM BUCH

Lothar Matthäus, der Doyen der Bundesliga

Olaf Thon 116
Ein Schalker Idol

Enorme Sprungkraft 116 · Muskelriß in Mexiko 116 · Vier Millionen für Schalke 117 · Karriere-Highlights 118 · Daten und Fakten 118 · 3 Tore gegen Köln 118 · Eine zweite Karriere 119 · Tour der Leiden 120 · Rückkehr 120

Christian Ziege 121
The next Generation

Die Karriere begann im Tor 121 · Gute Taten 122 · Kritik an Beckenbauer 122 · Karriere-Highlights 122 · Daten und Fakten 124 · Vom Pech verfolgt 124 · Milans Millionen 125

Register 126

Die Fußballbundesliga hat Hochkonjunktur. Vom Fernsehen wirkungsvoll präsentiert, ist sie zum größten Unterhaltungsspektakel der Republik geworden. Ihre Stars treiben die Einschaltquoten in die Höhe und bescheren den Vereinen Rekordeinnahmen. Sie sind die Hauptdarsteller auf der Bühne des Volkstheaters Fußball und bestimmen die Dramaturgie und das Niveau des Spiels. Dank ihres großen Potentials und ihrer mentalen Kraft zwingen sie ein Millionenpublikum in ihren Bann und den Gegner nicht selten allein in die Knie.

Was liegt näher, als die Besten der Branche in einem Buch zu porträtieren? Zu ihnen gehören unumstrittene Leistungsträger wie Lothar Matthäus, Matthias Sammer, Jürgen Klinsmann, Olaf Thon, Thomas Häßler, Andreas Möller, Oliver Kahn und Thomas Helmer. Aber auch Profis wie Mehmet Scholl, Fredi Bobic, Mario Basler, Stefan Effenberg, Sean Dundee und Christian Ziege, die gerade erst Platz genommen haben in der Ruhmeshalle der Nobel-Spielklasse, sind unter den zwanzig Topspielern. Komplettiert wird das erlesene Feld durch ausländische Stars wie Krassimir Balakov, Giovane Elber, Paolo Sergio, Júlio César, Andreas Herzog und Peter Nowak. Mit ihrer Spielauffassung und Kreativität geben sie der Bundesliga erst das internationale Flair, das sie zur weltweiten Attraktion macht.

Karlheinz Mrazek

TOP 20

KRASSIMIR BALAKOV

Häuptling des magischen Dreiecks

»Eine solche Persönlichkeit mit so viel Charakter habe ich in zwanzig Jahren im Geschäft noch nie erlebt.« (VfB-Geschäftsführer Ulrich Schäfer)

Sein Freund Yordan Letchkov war ein guter Prophet: »Wenn die ganze Mannschaft und der Trainer zu ihm stehen, wird er unglaubliche Dinge tun und die Attraktion der Liga sein.« Schon bei Dienstantritt, im Trainingslager des VfB Stuttgart in der Schwarzwald-Idylle Baiersbronn, gelang es Krassimir Balakov alle Bedenken beiseite zu wischen, er könne die in ihn gesetzten Erwartungen nicht erfüllen.

VfB-Spieler staunten

Torhüter Eike Immel staunte, als der schwarzmähnige Bulgare, gewissermaßen aus dem Stand, die Freistöße mit Effet ins Tordreieck zwirbelte, mal mit dem linken, mal mit dem rechten Fuß. Teamkollege Fredi Bobic fand es geradezu sensationell, »was der mit seinem kleinen linken Fuß macht«. Besonders glücklich aber war Ulrich Schäfer. Zusammen mit dem damaligen Sportdirektor Dieter Hoeneß hatte das geschäftsführende Vorstandsmitglied Sporting-Präsident Sousa Cintra in Lissabon die Freigabe für Balakov abgerungen. »Der läuft das Dreifache von Dunga im doppelten Tempo. Der Ball klebt ihm am Fuß, er scheut keinen Zweikampf, arbeitet für das Team, marschiert – und glänzt trotzdem«, schwärmte Schäfer schon im Trainingslager von seiner Neuerwerbung. Kein Wort davon sollte er im Laufe der Saison zurücknehmen müssen.

Ein unschlagbares Trio

Gemeinsam mit den Torjägern Bobic und Elber brachte der Balkan-Rastelli das Spiel der Schwaben auf Hochtouren. Fasziniert von der Wirkung und Ausstrahlung des offensivstarken Trios, in dem Ballkünstler Balakov hinter den beiden Spitzen die Fäden zog, sprachen die Medien schon bald vom »magischen Dreieck«, das die Mannschaft bis auf Platz drei schoß und die Hoffnung weckte, der VfB könne womöglich in den Zweikampf der Bundesliga-Giganten Borussia Dortmund und Bayern München eingreifen. Doch die Abwehr hielt nicht Schritt, sie war schlichtweg ungenügend und das nicht nur, weil Eike Immel, von Trainer Rolf Fringer ausgemustert, inzwischen zu Manchester City gewechselt hatte.
Der VfB kassierte Gegentore en masse und Balakov schon mal Schelte für

Vom ersten Tag an die große Nummer beim VfB Stuttgart: Krassimir Balakov, der hier den Kölner Abwehrspieler Pablo Thiam umkurvt, ließ den Brasilianer Carlos Dunga schnell vergessen.

»Er hat was von Maradona, ist aber keine Diva, sondern hervorragend trainiert und ist sich nicht zu schade, einen verlorenen Ball zurückzuerobern.« (Rolf Fringer)

DATEN UND FAKTEN

Geboren am 29. März 1966
Geburtsort: Tarnovo

Klubs: Etar Tarnovo (bis 1990), Sporting Lissabon (1990 – 1995), VfB Stuttgart (seit 1995)
Mit Tarnovo Landesmeister 1990, mit Sporting Lissabon Pokalsieger 1993
56 Länderspiele (8 Tore)
WM-Vierter 1994
EM-Teilnehmer 1996
Fußballer des Jahres in Bulgarien 1995

Krassimir Balakov

Als die Konkurrenz zögerte, griff der VfB Stuttgart zu: Krassimir Balakov, auf dem Bild Sieger gegen den Freiburger Dieter Frey.

Rechte Seite: Krassimir Balakov freut sich mit Giovane Elber (aus dem Spiel HSV gegen Stuttgart, 0:4).

KARRIERE-HIGHLIGHTS

Aus seiner Heimatstadt Tarnovo verabschiedete sich Krassimir Balakov 1990 als **Bulgarischer Meister**. In 180 Erstligaspielen für Etar Tarnovo hatte er 35 Tore erzielt.
Auch bei Sporting Lissabon klappte es mit dem Toreschießen. In vier erfolgreichen Jahren brachte es der Bulgare auf 90 Treffer. 1993 wurde er mit dem Hauptstadtklub **Pokalsieger**.

Bei der **WM in den USA** 1994 gehörte er mit Stoitchkov und Letchkov zu den großen Persönlichkeiten eines bulgarischen Teams, das erst im Halbfinale von Italien mit 1:2 gestoppt wurde und im Kampf um Platz drei Schweden mit 0:4 unterlag. Eine exzellente Leistung zeigte Balakov beim Viertelfinalsieg über Titelverteidiger Deutschland.
Eine Expertenkommission berief Balakov nach der WM ins FIFA-All-Star-Team. 1995 wählte man ihn, den »Fremdenlegionär«, in der Heimat zum **»Fußballer des Jahres«** – eine Auszeichnung, die nicht erwartet werden konnte: Balakov hatte vor einem Länderspiel den Klubinteressen den Vorrang gegeben und erzwungen, daß er erst nach dem anstehenden Bundesligaspiel in Köln mit einem vom VfB gecharterten Flieger ins Trainingscamp der Nationalmannschaft reiste.
Auch bei der **EM in England** 1996 bildete er mit Letchkov ein starkes Mittelfeldgespann. Nach guten Spielen gegen Spanien (1:1), Rumänien (1:0) und Frankreich (1:3) konnten aber auch die beiden das Aus für die Mannschaft aus Bulgarien nicht verhindern.

angeblich schlechtes Defensivverhalten. Der Bulgare, der bei der WM in Amerika und in Portugal Meriten gesammelt hatte, konnte es nicht fassen, wie ein Schuljunge abgekanzelt zu werden, noch dazu vor der ganzen Mannschaft und von einem ganz jungen Trainer. Sein Stolz war verletzt, aber an einen vorzeitigen Abschied aus Deutschland dachte er trotzdem nicht.

80000 Unterschriften

Bis zur elften Klasse hatte das Arbeiterkind im Sportinternat seiner Heimatstadt Tarnovo gelebt. George Vassile, der Trainer von Etar Tarnovo, holte den 18jährigen, der nebenbei Elektromechanik mit Schwerpunkt Fernsehtechnik studierte, schließlich in die erste Mannschaft des Erstligaklubs. Sein Platz war der des laufstarken Spielmachers im linken Mittelfeld.

Aus Verbundenheit mit seinem Heimatverein Etar Tarnovo widersetzte er sich sogar dem Befehl der Verbandsoberen, zum Meisterklub ZSKA Sofia zu wechseln, und wurde daraufhin gesperrt. Seine Fans sammelten jedoch 80000 Unterschriften und erreichten so seine Rückkehr auf den Rasen.

Nach dem Fall des Eisernen Vorhangs zog Balakov 1990 westwärts. Hier sah er eine Chance, ans große Geld zu kommen. Aber nach vier erfolgreichen Jahren in Lissabon wurde er dort von seinem Posten vertrieben. Der neue Sporting-Trainer Carlos Queiros stellte den Nigerianer Emanuel Ammunike ins Mittelfeld und beorderte Balakov in die Verteidigung.

Krassimir Balakov

Bei der WM 1994 in Amerika war Krassimir Balakov einer der herausragenden Spieler der bulgarischen Nationalmannschaft, die Deutschland aus dem Turnier warf.

Ein Affront, den sich Balakov nicht bieten lassen konnte. Zum Nutznießer dieser Demütigung sollte schließlich der VfB Stuttgart werden. Balakov beauftragte seinen Berater: »Suche einen Klub in der Bundesliga für mich.«

Keiner wollte ihn ...

Bereits im November 1994 habe bei Uli Hoeneß in München eine Kassette mit Toren und Dribblings des Bulgaren vorgelegen. Doch da sich der Bayern-Manager zu diesem Zeitpunkt schon mit Andreas Herzog von Werder Bremen einig gewesen sei und der künftige Trainer Otto Rehhagel Ciriaco Sforza vom 1. FC Kaiserslautern auf seinem Wunschzettel hatte, habe Hoeneß, so wurde kolportiert, seinem Bruder Dieter und den Kollegen Rainer Geye vom 1. FC Kaiserslautern und Bernd Hölzenbein von der Frankfurter Eintracht das Feld überlassen. Erstaunlicherweise zeigten sich weder Geye noch Hölzenbein interessiert. Geye entrüstete sich sogar: »3,5 Millionen Mark Ablöse für einen 29jährigen – unmöglich.« Die Abgänger Stefan Kuntz und Ciriaco Sforza ersetzte der später entlassene Manager lieber durch die Zweitligaspieler Claus-Dieter Wollitz und Uwe Wegmann. So blieb der VfB Stuttgart schließlich als einziger Bewerber übrig.

Vertrag bis zum Jahr 2000

Im ersten Jahr am neuen Arbeitsplatz oft im Streit mit Trainer Fringer und in der Rückrunde mit der Mannschaft abgestürzt, entwickelte sich in der zweiten VfB-Saison für den Bulgaren und das Team alles zum besten. Durch die Verpflichtung des österreichischen Nationaltorhüters Franz Wohlfahrt und des kroatischen Internationalen Zvonimir Soldo gewann die Mannschaft weiter an Profil und die Abwehr erheblich an Stabilität. Balakov, von Fringer-Nachfolger Jürgen Löw mit allen Freiheiten ausgestattet, rückte noch mehr in den Mittelpunkt des Geschehens – als Häuptling des »magischen Dreiecks«.

Wie zufrieden er mit seiner sportlichen Entwicklung und mit dem VfB war, demonstrierte er im November 1996: Unaufgefordert verlängerte er seinen Vertrag bis zum Jahr 2000. »Ein wichtiger Schritt für die Zukunft des VfB«, kommentierte Trainer Löw diese Entscheidung.

MARIO BASLER

Solist mit viel Ballgefühl

TOP 20

Fühlt er sich ungerecht behandelt, wird er zum Choleriker: Mario Basler, den Otto Rehhagel für die Bundesliga entdeckte.

Schon frühzeitig war er bereit, alles auf eine Karte zu setzen: Mario Basler gab seine Lehre als Lackierer und Maler auf, »weil sie sich mit den Fußballerterminen nicht mehr vereinbaren ließ«. Eine riskante Entscheidung. Wer so handelt, hat entweder Flausen im Kopf – oder eine sehr genaue Vorstellung von der eigenen Zukunft.

Vom DFB übersehen

Auf den gebürtigen Pfälzer traf letzteres zu. Basler war schon als Kind fußballverrückt und von dem Gedanken besessen gewesen, einmal Profi zu werden. Dafür ging er sogar das Risiko ein, im Falle des Scheiterns als Ungelernter auf der Straße zu stehen und möglicherweise ins soziale Abseits zu rutschen. Die Gefahr bestand. Von DFB-Spähern übersehen, wurde Basler als Jugendlicher nur einmal in eine Südwestauswahl berufen.
Und auch beim 1. FC Kaiserslautern wußte man mit ihm nicht viel anzufangen. Ein einziges Mal kam er in seinem ersten Profijahr (1988/89) zum Einsatz, dann schob ihn der damalige Manager Rainer Geye (»Ein Riesentalent, aber als Profi zu unsolide«) zum Zweitligaklub Rot-Weiß Essen ab. Das konnte dem ehrgeizigen Aufsteiger nicht schmecken. Im Ruhrpott spielte Basler so stark auf, daß die Interessenten schon bald Schlange standen.

Rehhagels Glücksgriff

Trainer Bernd Stange von Hertha BSC Berlin überredete den Pfalz-Vertriebenen, an die Spree zu kommen. Dort scheiterte Stange, von 1983 bis 1988 DDR-Auswahltrainer, zwar mit seinem Plan, Hertha mit Hilfe dieses Spielers zurück in die Bundesliga zu bringen, Basler aber schaffte den Sprung ins Oberhaus. Otto Rehhagel, 1993 mit Werder Bremen gerade zum zweiten Mal Deutscher Meister geworden, erkannte, daß ein Mann wie Basler seinem Star-Ensemble (u. a.

»Wenn man in der Bundesliga Typen sucht – Basler ist einer.« (Felix Magath)

13

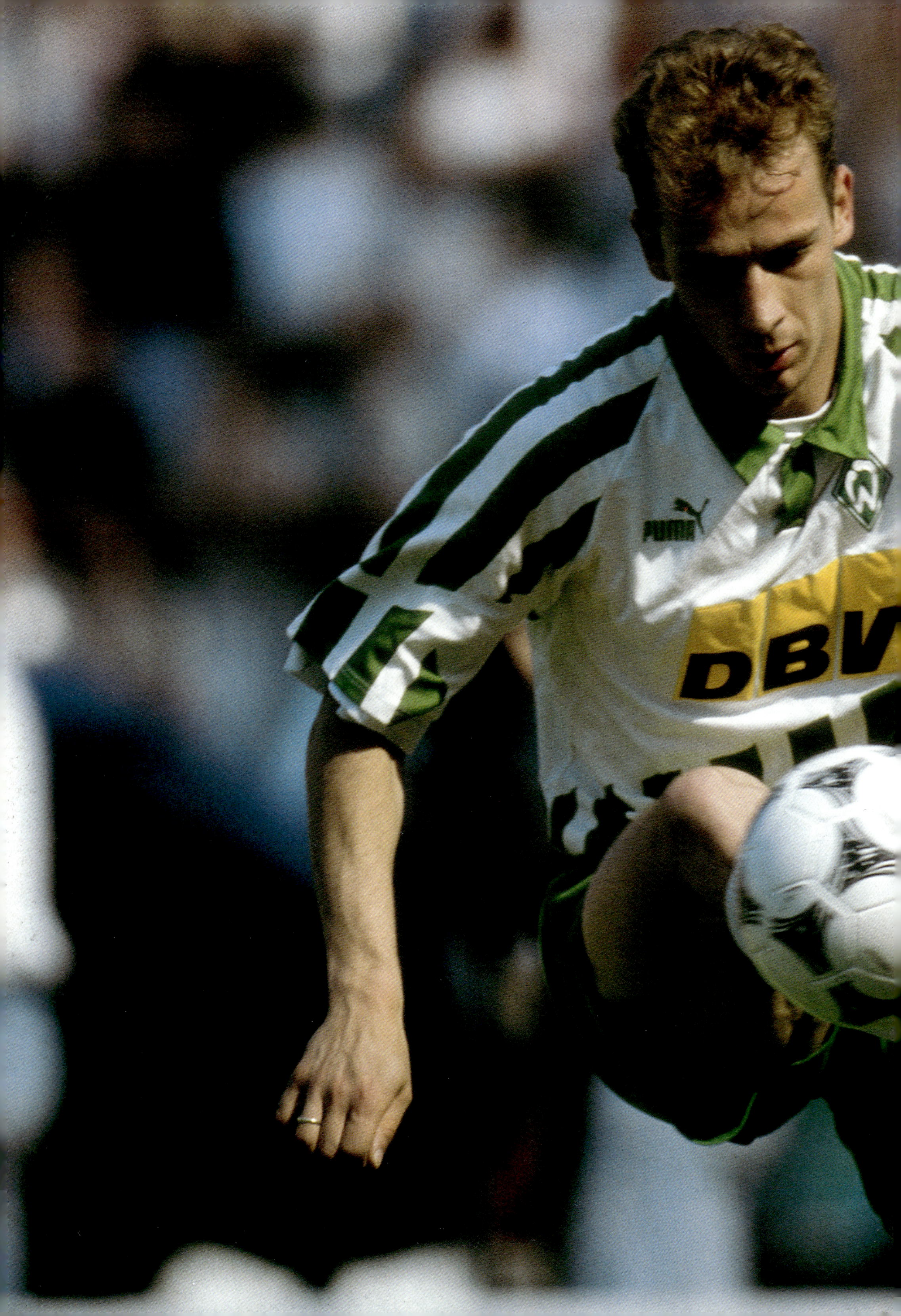
PUMA
DBW

Der Ball ist Mario Baslers Freund: Seine Dribblings, seine raffinierten Schüsse und sein Mut zum Risiko begeistern die Massen in den Fußballstadien und am Bildschirm.

Mario Basler

KARRIERE-HIGHLIGHTS

Mario Basler avancierte in der Bundesliga auf Anhieb zum Shooting-Star. Mit Meister Werder Bremen spielte er 1993/94 in der **Champions League**, wo Werder dem späteren Europapokalsieger AC Mailand mitreißende Spiele lieferte und mit 1:1 und 1:2 respektable Resultate erzielte. Milan-Coach Fabio Capello war von Basler, der beim 1:2 das Bremer Tor erzielte, begeistert: »Ein toller Spieler, ich bewundere ihn.« Das Halbfinale verspielte Werder durch zwei Niederlagen gegen den FC Porto (0:5 zu Hause! und 2:3). In der Saison 1993/94 mußte sich Basler bei 29 Einsätzen noch mit fünf Toren begnügen. Ein Jahr später setzte er sich an die Spitze der Bundesliga: Mit Heiko Herrlich von Borussia Mönchengladbach wurde er **Torschützenkönig**. Beide trafen je 20mal.
Zum Höhepunkt der Saison 1994/95 geriet für Basler und Bremen der 3:1-Sieg über den späteren Meister Borussia Dortmund. Super-Mario, wie der Pfälzer in Anlehnung an ein Computerspiel getauft wurde, entwickelte zusammen mit Andreas Herzog eine Power, der die Westfalen auch in Bestbesetzung (u. a. mit Sammer, Kohler, César, Reuter, Möller, Freund und Riedle) nicht gewachsen waren.
Beim 2:0-Tor demonstrierten die beiden Ausnahmekönner Weltklasse im Duett: Der Wiener lupfte den Ball nach einem energischen Vorstoß am linken Flügel in den Rücken der Borussia-Abwehr zum lauernden Basler, der das Gemeinschaftswerk mit einem strammen Volleyschuß abschloß.
Zur Meisterschaft reichte es für die Bremer nur deshalb nicht, weil sie im letzten Spiel bei Bayern München 1:3 unterlagen und Dortmund zur gleichen Zeit den HSV mit 2:0 bezwang.
Ein Jahr zuvor war Bremen mit einem 3:1-Sieg über den Zweitligaklub Rot-Weiß Essen DFB-Pokalsieger geworden.
Doch Basler und Herzog war hier zunächst nicht nach Feiern zumute. Trainer Rehhagel hatte die beiden vor dem Abpfiff vom Platz geholt, Basler in der 75. Minute für André Wiedener, Herzog in der 84. Minute für Uli Borowka.

»Ich mache nur das, wozu ich Lust habe. Wenn ich Lust habe, vor die Fernsehkamera zu gehen, dann gehe ich. Habe ich keine Lust, gehe ich nicht hin.«

Bratseth, Herzog, Eilts, Rufer, Klaus Allofs und Torhüter Reck) durchaus einen zusätzlichen Kick geben könne.
Seine Qualitäten ließen sich in Kurzform so beschreiben: Der 1,85 Meter große Basler ist ein physisch ungemein starker und dynamischer Spieler, bei dem man hinter jeder Aktion eine unbändige Kraft spürt. Der Vollblutfußballer ist mit einer hervorragenden Technik und einem guten Auffassungsvermögen für entscheidende Spielsituationen ausgestattet.

Zweimal Rot zum Auftakt

Rehhagel sollte sich im Spieler Basler nicht täuschen. Doch kaum hatte der Neuankömmling Bremer Boden betreten, war es mit der vom Klubchef Franz Böhmert gepflegten Werder-Idylle vorbei. »Wenn ich mich gut vorbereite, werden die elf Etablierten sehen, wie einer von ihnen rausfliegt«, schlug Basler auf die Pauke, noch bevor er den ersten Ball in der Bundesliga getreten hatte.
Rasch mauserte er sich zu einem Leistungsträger, machte in seiner Auftaktsaison aber auch als Rauhbein von sich reden: Wegen Foulspiels sah Basler gleich zweimal Rot! Auch außerhalb des Platzes erlaubte er sich einiges. Basler rauchte, wenn er Lust hatte, verzichtete schon mal auf das Training, wenn die Leiste schmerzte, und kuschte weder vor Otto Rehhagel noch vor Berti Vogts, der ihn im Länderspiel gegen Italien im März 1994 in Stuttgart (2:1) erstmals – zum Reinschnuppern – auf den Rasen schickte.
Am Ende der Saison stand Basler auf der WM-Besetzungsliste für Amerika – jedoch ohne Aussicht auf einen Stammplatz. Grund genug für ihn, sich bemerkbar zu machen. Nach dem Spanienspiel (1:1) beschwerte er sich über den Bonus, der Thomas Häßler

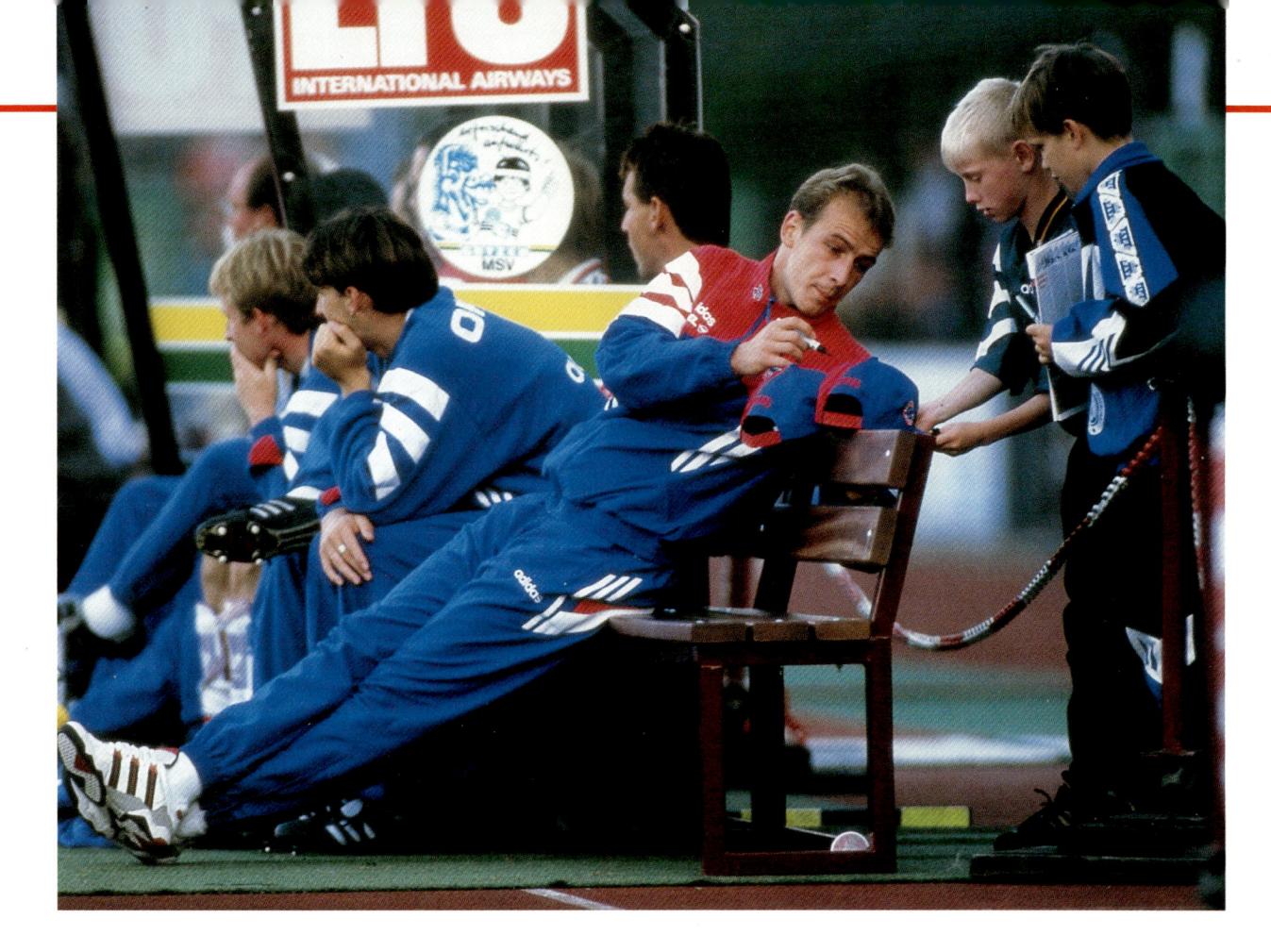

gewährt wurde: »Der hat bis jetzt nichts Herausragendes gezeigt.«
Vogts fühlte sich angegriffen und zudem schockiert über Baslers Verhalten in der Halbzeitpause des Spiels, das Matthias Geyer im »Kölner Stadt-Anzeiger« wie folgt beschrieb: »Während die Kollegen von der Reservebank die Muskeln dehnten, demonstrierte Basler sein persönliches Aufwärmprogramm: zwanzig Minuten lang lag er regungslos da und ließ sich von der Sonne Chicagos bescheinen.« Und mit einem Schuß Ironie fügte Geyer an: »Amerika war nicht sein Land, schon wegen des generellen Rauchverbots in öffentlichen Gebäuden nicht. Im feinen Hyatt-Hotel fand er keine Aschenbecher für die Marlboro, seitdem erinnert eine Schmauchspur im grünen Teppich an seinen Besuch.«
Bei der WM blieb er ein Außenseiter: Nur einmal, im ersten Spiel gegen Bolivien, durfte er kurz aufs Feld.

Das Verhältnis zum Bundestrainer sollte sich auch künftig nicht bessern. Mit großer Verbissenheit hielt Vogts den Unangepaßten klein und kanzelte ihn ab, wann immer sich eine Chance bot. So strich er ihn kurzerhand aus dem Aufgebot, als er Wind davon bekam, daß der Spieler vor der Anreise zu einem Länderspiel zusammen mit »Busenwunder« Dolly Buster schnell noch eine Platte aufnehmen wollte.

Traumtore

In der Nationalmannschaft hakte es bei dem »Kapriolenkönig« (»Focus«), in der Bundesliga lief es dafür um so besser: die Kritiker jubelten über seine dynamischen Dribblings und seine raffinierten Tore. Sogar die seriöse »Süddeutsche Zeitung« gab ihre Zurückhaltung auf, schwärmte von der »Diva mit dem goldenen Fuß«.
Einen sensationellen Auftritt hatte

Die Kinder mögen ihn, und er mag sie: Mario Basler hat immer ein Herz für Autogrammsammler

»Mit Ball ist er Weltklasse, ohne Ball oft Kreisklasse.« (Otto Rehhagel)

Mario Basler

KEIN TURNIERGLÜCK

1994 flog Mario Basler mit großen Erwartungen zur WM nach Amerika und dann, bei Vogts ohnehin nicht erste Wahl, vorzeitig nach Hause – aus Sorge um seine Frau Anke, bei der es im Endstadium der Schwangerschaft zu Komplikationen gekommen war. 1996 bei der EM in England hatte er sich wieder viel vorgenommen und abermals kein Glück: Wenige Stunden vor dem Gruppenspiel gegen Rußland (3:0) mußte er sich von der Mannschaft verabschieden. Christian Ziege hatte ihn im Training empfindlich am gerade erst operierten Knöchel getroffen.

Super-Mario im Frühjahr 1995 in Leverkusen: Nach einem Sololauf über 60 Meter umkurvt der 26jährige schließlich auch noch den Torhüter und produziert so das 2:1-Siegtor – eine Aktion, die sogar Otto Rehhagel in Ekstase versetzt: »Das Tor hat mich vom Sitz gerissen.«

Ähnliche Hochgefühle stellten sich bei Trainer und Fans im Mai 1996 am vorletzten Spieltag in Köln ein: Als Basler den Ball auf der rechten Seite 25 Meter vor dem Kölner Tor für einen Freistoß zurechtlegt, rechnet Bodo Illgner fest mit einer Flanke und dirigiert die Kölner Abwehr in diesem Sinne. Doch Schlitzohr Basler denkt gar nicht daran – er visiert das kurze Eck an und schnippelt die Kugel ungehindert ins Tor: 1:1. Anschließend verwandelt er einen Elfmeter, den Illgner mit einem Foul an Eilts verursacht hat, und sichert den Bremern so einen der ganz seltenen Siege in Köln.

Im Herbst 1995 veranstaltete Basler ein Medientheater, das zur Schmierenkomödie wurde: Wochenlang kündigte er einen Wechsel nach Italien an, ohne daß ein einziges Angebot in Bremen eintraf. Möglicherweise hatte die geforderte Ablösesumme – Lemke verlangte 20 Millionen – potentielle Interessenten abgeschreckt, vielleicht aber hatte Basler den Mund auch zu voll genommen.

Der teuerste Transfer der Bundesliga

Während Bayern-Manager Uli Hoeneß sich die Häme nicht verkneifen konnte, hielt sich Franz Beckenbauer mit Kritik zurück und knüpfte statt dessen erste Kontakte, um Basler auf schnellstem Weg für den FC Bayern zu gewinnen. Mit seinem Angebot – angeblich lockten die Münchner mit doppeltem Gehalt – rannte der Klub bei Basler offene Türen ein. Und da sich Werder kooperativ zeigte, ging der teuerste Transfer der Bundesliga im Sommer 1996 reibungslos über die Bühne. 8,5 Millionen Mark überwies der deutsche Rekordmeister nach Bremen. Von diesem Geld konnte sich Werder gleich drei neue Spieler leisten: den Rückkehrer Andreas Herzog, Jens Todt aus Freiburg und Heimo Pfeifenberger aus Salzburg.

Basler bleibt Basler

In München sah es zunächst so aus, als wolle Basler sein Ego bremsen und dem Teamgeist frönen, doch spätestens bei seiner Retourkutsche für Kotrainer Klaus Augenthaler, der die Mannschaft nach dem 0:3 in Bremen als »Tänzertruppe« gescholten hatte, dürfte wohl klargeworden sein, daß weder Kaiser Franz noch Sportdirektor Karl-Heinz Rummenigge oder Trainer Giovanni Trapattoni diesen Kerl bändigen können werden: In einem Fernsehinterview auf Augenthalers Kommentar angesprochen, parierte Basler, der solle sich erst mal besser ausschlafen. Er bezog sich damit auf Fernsehsequenzen vom Heimspiel der Münchner gegen Arminia Bielefeld, bei dem Augenthaler mit geschlossenen Augen auf der Trainerbank zu sehen gewesen war.

Mit einem Riß des Syndesmosebandes (Verbindung zwischen Schien- und Wadenbein) fiel der Pfälzer zu Saisonbeginn wochenlang aus und später, kaum genesen und darum noch nicht im Vollbesitz seiner Kräfte, mit seiner Ankündigung vor dem UEFA-Pokal-Rückspiel gegen den FC Valencia auf den Bauch: »Vier Tore sind das leichteste der Welt.« So viele Treffer wären nach dem blamablen 0:3 der Münchner in Spanien fürs Erreichen der zweiten Runde vonnöten gewesen. Doch mehr als ein bescheidenes 1:0 – zustande gekommen auch noch durch ein Eigentor – sprang nicht heraus.

Irritieren können solche Fehlprognosen den Neu-Bayern indes ebensowenig wie temporäre Rückschläge. Sein hoch entwickeltes Selbstwertgefühl demonstrierte er schon bei Dienstantritt in München: »Viele werden sich noch über mich wundern. In München könnte ich so ein Weltstar werden wie Matthäus oder Klinsmann«, tönte er. Frei von Beschwerden zeigte Basler dann bei den Hallen-Masters im Januar 1997 in München sein außergewöhnliches Können. Das Publikum feierte ihn frenetisch, und man wählte ihn zum besten Spieler des Turniers.

Als Mario Basler zu haben war, zögerte Franz Beckenbauer keinen Augenblick. Selbst für den FC Bayern ist der Pfälzer etwas Besonderes.

»Der Mario hat einen Funken Genialität, und solche Leute haben auch immer einen kleinen Schuß, aber das meine ich liebenswert.« (Werder-Präsident Franz Böhmert)

DATEN UND FAKTEN

Geboren am 18. Dezember 1968
Geburtsort: Neustadt an der Weinstraße

Klubs: VfL Neustadt (bis 1984), 1. FC Kaiserslautern (1984 – 1989), Rot-Weiß Essen (1989 – 1991), Hertha BSC (1991 – 1993), Werder Bremen (1993 – 1996), Bayern München (seit 1996)

Mit Werder Bremen DFB-Pokalsieger 1995
21 Länderspiele (1 Tor)
WM-Teilnehmer 1994
EM-Teilnehmer 1996 (ohne Einsatz)
Torschützenkönig in der Bundesliga 1995 (20 Tore)

TOP 20

FREDI BOBIC

Fredi Bobic stürmte mit Schwung in die Bundesliga. In einem ersten Jahr für den VfB Stuttgart erzielte er zwölf, im zweiten Jahr 17 Treffer und wurde so Torschützenkönig der Liga.

Van Basten auf die Füße geschaut

»Ich mußte mich immer wieder ran- und hochkämpfen. Mein ganzes Leben ist der Weg der kleinen Schritte.«

Sein Aufstieg war eine mühsame Angelegenheit, aber als er den Gipfel erklommen hatte, stand er sofort im Rampenlicht: Fredi Bobic genügten acht Bundesligaspiele, um Berti Vogts von seiner Tauglichkeit für die Nationalmannschaft zu überzeugen. Nach dem WM-Debakel 1994 und dem Rücktritt von Rudi Völler gab der Bundestrainer jungen Stürmern eine Chance und schickte im Oktober 1994 in Budapest gegen Ungarn den gebürtigen Jugoslawen – Vater Slowene, Mutter Kroatin – aufs Spielfeld.

Das Debüt war zwar nicht berauschend, aber auch nicht so schlecht, daß die Tür gleich wieder ins Schloß gefallen wäre. Berti Vogts signalisierte Zufriedenheit: »Ein guter Junge, seine Art gefällt mir, wie er sich einsetzt, wie er kämpft.«

Aller Anfang ist schwer

Geduld und starke Nerven gehören neben einem enormen Selbstbehauptungswillen zu seinen hervorstechenden Eigenschaften und waren ihm auf dem Weg nach oben oft hilfreich.
Mit 14 verließ Fredi Bobic schweren Herzens den VfB Stuttgart. In der E-Jugend gelang es ihm dreimal, in

In die EM 1996 startete Fredi Bobic verheißungsvoll, kugelte sich dann aber im Spiel gegen Kroatien die Schulter aus und mußte vorzeitig abreisen.

Fredi Bobic

DATEN UND FAKTEN

Geboren am 30. Oktober 1971
Geburtsort: Maribor (Slowenien)

Klubs: VfR Bad Cannstatt (1979–1980), VfB Stuttgart (1980–1986), Stuttgarter Kickers (1986–1990), TSF Ditzingen (1990–1992), Stuttgarter Kickers (1992–1994), VfB Stuttgart (seit 1994)
16 Länderspiele (2 Tore)
EM-Teilnahme 1996
Torschützenkönig 1995/96 (17 Tore)

einem Spiel gleich elf Tore zu erzielen, doch in den folgenden Jahren war kein Fortschritt zu erkennen gewesen; in seiner körperlichen Entwicklung blieb er hinter gleichaltrigen Mitspielern zurück. So landete Bobic beim Nachbarklub, den Stuttgarter Kickers, und spielte dort vier Jahre lang ohne nennenswerten Erfolg. Die sportliche Ausbeute beschränkte sich auf den Gewinn des DFB-Jugend-Kicker-Pokals durch ein 3:0 im Finale gegen den Lüneburger SK. Die Kickers konnten mit dem inzwischen hoch aufgeschossenen Stürmer, der mit seiner Größe von 1,85 Meter und seinen dünnen Beinen wenig athletisch wirkte, nicht viel anfangen.

Torschützenkönig in der Oberliga

Zum Glück ließ ihn sein Jugendtrainer Günter Rommel nicht fallen. Als Rommel zum Viertligaklub TSF Ditzingen wechselte, nahm er Bobic mit. In der Kleinstadt am Rande Stuttgarts verbrachte der zunächst viel Zeit im Fitneß-Center. Das Ergebnis gezielter Aufbauarbeit konnten die Ditzinger in der Rückrunde der Saison besichtigen. Bobic, der bis dahin auf der Bank gesessen hatte, brachte den Klub mit seinen 13 Toren in die Amateur-Oberliga. Ein Jahr später wurde er Torschützenkönig dieser höchsten Amateurklasse (19 Tore) und für die Kickers wieder ein interessanter Mann.

»Brutales Wir-Gefühl«

6000 Mark brutto monatlich, 600 Mark Einsatzprämie – dieser Offerte konnte der gelernte Einzelhandelskaufmann nicht widerstehen. Dennoch betonte er beim Weggang, daß die beiden Jahre in Ditzingen ein wichtiger Abschnitt in seinem Fußballleben gewesen seien. Hier habe er gelernt, was Mannschaftsdenken und Teamgeist bedeuteten. Bobic: »Wir hatten ein brutales Wir-Gefühl.«
Bei den Kickers mußte er wegen eines Meniskusschadens zunächst ein halbes Jahr zuschauen. Wieder gesund,

KARRIERE-HIGHLIGHTS

Die 1,3 Millionen Mark, die der VfB Stuttgart 1994 an die Kickers überwies, waren Peanuts, gemessen an der Leistung, mit der sich der Stürmer in die Bundesliga einführte: In seinem Premierenjahr bestritt er 32 der 34 Bundesligaspiele und setzte sich an die Spitze der vereinsinternen Torschützenliste. Mit zwölf Treffern rangierte er in der Saison 94/95 vor Giovane Elber und Axel Kruse (je acht). 1996 wurde er mit 17 Treffern **Torschützenkönig** der Bundesliga vor Elber, Klinsmann und Sean Dundee, die je 16mal trafen.
Berti Vogts berief den Stuttgarter nach nur acht Bundesligaspielen (!) in die Nationalmannschaft. Bobic stürmte im Oktober 1994 beim 0:0 gegen Ungarn in Budapest an der Seite von Jürgen Klinsmann. Gegen Ungarns eisenharten Verteidiger Peter Lipcei bekam er internationale Härte zu spüren und mußte auch schon mal einen Ellbogencheck wegstecken, was er ohne Leidensmiene tat. Mit einem Kopfball traf er sogar die Latte.

Zur **EM in England 1996** fuhr er als Stammspieler. In den drei Spielen gegen Tschechien (2:0), Rußland (3:0) und Italien (0:0) überzeugte er durch Einsatzwillen und Kampfstärke und hatte im Viertelfinale gegen Kroatien dann das Pech, sich die Schulter auszukugeln. So mußte er vorzeitig die Heimreise antreten.

sicherte er dann aber dem Klub den Klassenerhalt und rettete damit auch Trainer Rolf Schafstall, mit dem ihn ein besonderes Vertrauensverhältnis verband, vor der Kündigung. In der Saison 1993/94 traf Bobic sogar 16mal – aber diesmal konnten sein Elan und seine Tore den Abstieg der Blauen in die dritte Liga nicht mehr verhindern.

Senkrechtstart in der Bundesliga

Über den Fortgang seiner Karriere mußte sich Bobic, der 1992 einen Tag vor Weihnachten nach zweieinhalb Jahren Wartezeit seinen deutschen Paß bekommen hatte, zu diesem Zeitpunkt nicht mehr sorgen. Der TSV München 1860, der 1. FC Kaiserslautern und der VfB Stuttgart umwarben den Torjäger. Nach langen Überlegungen entschied er sich für den Klub seines Herzens, den VfB Stuttgart, bei dem er als Kind gespielt und für Hansi Müller geschwärmt hatte.

Bobic ging den Weg, den vor ihm Karl Allgöwer, Guido Buchwald und auch Jürgen Klinsmann gegangen waren. Und wie diese drei entwickelte er sich in relativ kurzer Zeit zu einer Persönlichkeit und stieg schließlich zum Wortführer des Stuttgarter Star-Ensembles auf.

1994 buhlte die Bundesliga um den Zweitligaprofi Fredi Bobic. Der gebürtige Jugoslawe entschied sich für den VfB Stuttgart – den Klub, bei dem er als Kind gespielt hat.

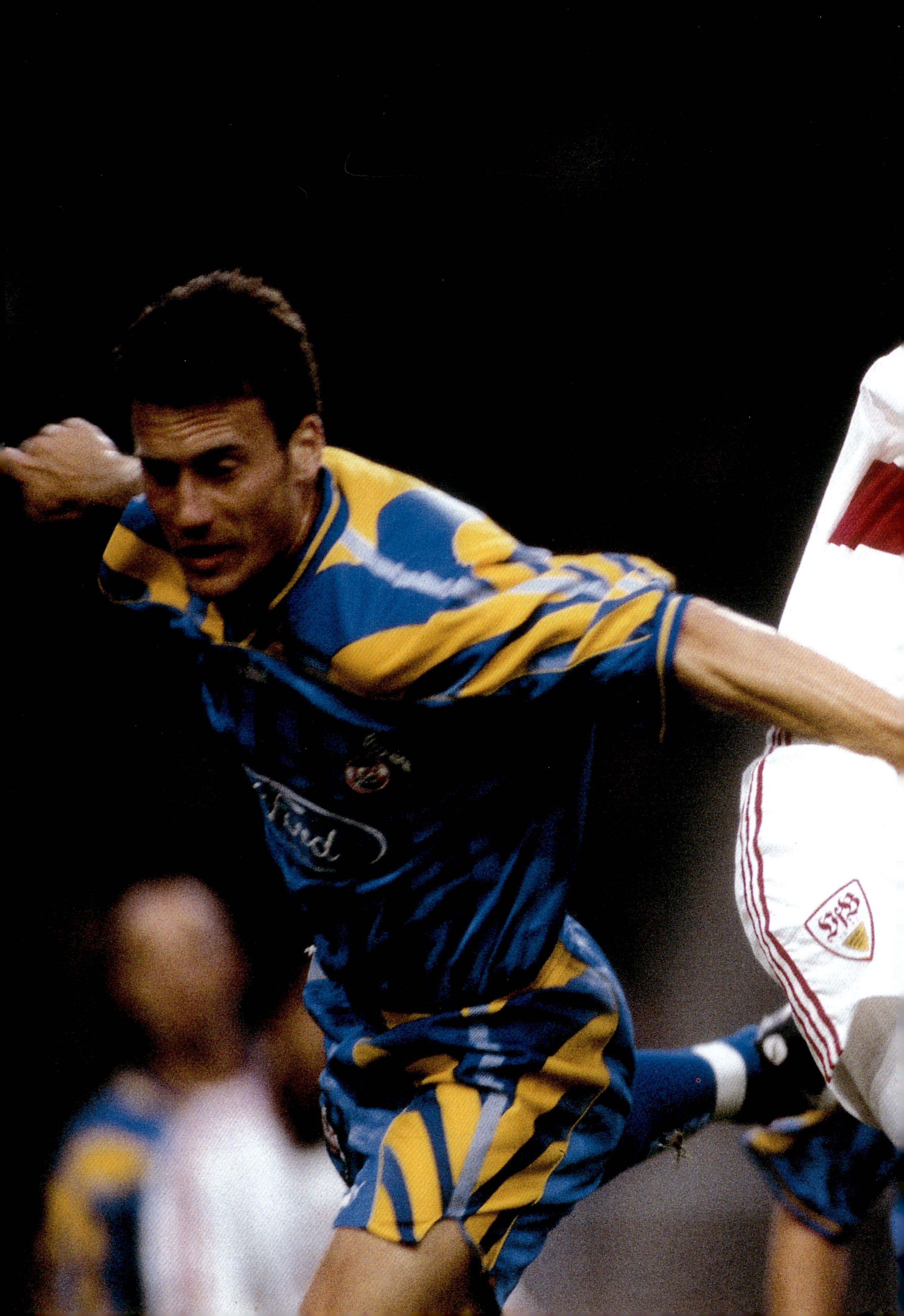

Kopfballtore sind seine Spezialität: Hier bleibt Fredi Bobic Sieger im »Luftkampf« gegen den Kölner Thomas Zdebel.

Beim VfB Stuttgart wurde Fredi Bobic in kurzer Zeit zur dominierenden Persönlichkeit.

1995 geriet Bobic auf die Wunschliste prominenter Klubs: Michael Meier von Borussia Dortmund wollte ihn verpflichten, als der Fall Heiko Herrlich zum Hickhack ohne Ende zu werden drohte. Und nachdem dieser Transfer schließlich perfekt war, dachte Gladbach-Manager Rolf Rüßmann laut darüber nach, die Herrlich-Millionen in Fredi Bobic zu investieren – für den VfB Stuttgart Anlaß, den Vertrag mit dem Senkrechtstarter der Bundesliga gleich bis 1999 zu verlängern.

Bemerkenswerte Ansichten

Nachdem er sich in der Upperclass des deutschen Fußballs etabliert hatte, machte Bobic nicht nur mit Toren und rasanten Spielzügen, sondern auch mit einigen bemerkenswerten Ansichten von sich reden. Während er an der Mentalität seiner Landsleute hin und wieder zu knabbern hat: »Manchmal habe ich ein Problem damit, wie stur und kompliziert der Deutsche denkt«, heißt er die Ausländer in der Bundesliga auf jeden Fall willkommen: »Die bringen eine andere Kultur bei uns rein; sie tun uns gut bei der Weiterentwicklung.« Die Situation auf dem Spielfeld schätzt er so ein: »Heutzutage hast du keine Chance mehr mit Egoisten. Fußball ist in seiner Leistungsdichte so knallhart und eng geworden, da gibt es nur noch wenige Fußballer, die ein Spiel wirklich allein entscheiden können.« An einem guten Tag ist Fredi Bobic so eine Ausnahme.

Der »Stuttgarter Zeitung« verriet er einmal, was ihm ein Trainer einst zugeraunt habe: »Er hat mir gesagt: Du kannst ein Marco van Basten werden.« Den Holländer mit den eleganten Bewegungen und der perfekten Schußtechnik verehrt Bobic seit frühester Jugend. Und ganz so groß ist der Abstand zwischen ihm und seinem Vorbild längst nicht mehr, Fredi Bobic hat Marco van Basten jedenfalls genau auf die Füße geschaut…

JÚLIO CÉSAR

TOP 20

Júlio César entpuppte sich beim BV Borussia Dortmund als Weltklassespieler.

Volltreffer für Borussia Dortmund

Die Bundesliga war nicht sein erstes Ziel. Wie vor ihm Zico, Sócrates, Cerezo, Falcão, Junior, Alemão oder Careca lockten Júlio César zunächst das internationale Renommee, aber auch das Geld der italienischen Staatsliga.

Schienbeinbruch in Turin

Der französische Erstligaklub Stade Brest und der Aufsteiger SC Montpellier waren erste europäische Stationen auf dem Weg zu Juventus Turin, wo der »Oso negro« (schwarzer Bär), wie César in seiner Heimat genannt wird, in kurzer Zeit zum Liebling von Geldgeber Giovanni Agnelli wurde. Dem fußballvernarrten Industriemagnaten gefiel, wie geschmeidig der Brasilianer seine athletische Figur über den Rasen bewegte und – ein Herr der Lüfte – die Bälle im Sprung elegant mit der Stirn annahm. Drei Jahre lang blieb César als Libero beim italienischen Rekordmeister unumstritten, bis ein Schienbeinbruch im vierten Jahr das Ende seiner Tage bei Juve einläuten sollte.

»César hat die Klasse des Brasilianers, die Zweikampfraffinesse des Italieners und die Kampfkraft des Deutschen – eine teuflisch gute Mischung.« (Wolfgang Overath)

Júlio César

Rechte Seite: Ist Júlio César erst einmal in Ballbesitz, hat der Gegner kaum eine Chance, ihm die Kugel wieder abzujagen.

ABSCHIED IM ZORN

61mal spielte Júlio César für Brasilien, und ganz gewiß wären es noch ein Dutzend Spiele mehr geworden, wenn es diesen Vorfall beim US-Cup 1993 nicht gegeben hätte: Während des Spiels Deutschland gegen Brasilien in Washington (3:3) wurden ihm in der Umkleidekabine 50 000 Mark und fünf Uhren im Werte von je 20 000 Mark gestohlen. Weil sich der Fußballverband seines Landes weigerte, ihm den Schaden zu ersetzen, verabschiedete sich der schwarze Bär für immer aus der Nationalmannschaft – sehr zum Schaden Brasiliens.

»Der Júlio spielt einen Manndecker, wie ich ihn selten erlebt habe: mit Zweikampfstärke, mit Raumgefühl und mit langen Pässen.« (Ottmar Hitzfeld)

Gewissermaßen als »Zugabe« kam er 1994 mit Andreas Möller zu Borussia Dortmund. Leichten Herzens ließen ihn die Italiener ziehen. Sie glaubten, er habe seine beste Zeit hinter sich. Doch nach kleinen Startschwierigkeiten – in einem Testspiel vor Beginn der Bundesligasaison zog sich César einen Muskelfaserriß zu – sollte der Brasilianer für die Dortmunder zu einem Sechser im Lotto werden.

Daß er in Dortmund nicht mehr als Libero eingesetzt wurde, nahm er gelassen. Bereitwillig bewachte César die gegnerischen Stürmer, was einen Spieler seines Ranges jedoch nicht auslastete – und ergriff nach getaner Pflicht selbst die Initiative. Mitspieler und Gegner verblüffte er gleichermaßen, spontane Vorstöße gehörten ebenso zu seinem Repertoire wie Scharfschüsse aus der zweiten Reihe oder das Doppelpaßspiel mit Matthias Sammer oder Andreas Möller. Den Fans gefiel seine Spielweise, und Franz Beckenbauer resümierte nach der Saison 1994/95: »Der Júlio ist vielleicht der beste Abwehrspieler der Bundesliga.«

»Júlio, du darfst nicht gehen«

In der darauffolgenden Saison löste der schwarze Bär bei gegnerischen Stürmern gelegentlich sogar Panik aus. Sie wußten, war er erst einmal im Ballbesitz, gab es kaum eine Chance, ihm die Kugel wieder abzujagen. Sein Geschick, den Ball vor dem Zugriff der Gegner abzuschirmen, wurde allseits bewundert. Als am letzten Spieltag der Saison 1995/96 die BVB-Fans nach dem 3:2-Sieg über den SC Freiburg im ausverkauften Westfalenstadion ihre Mannschaft erneut als Deutscher Meister feierten, skandierten sie unaufhörlich: »Júlio, du darfst nicht gehen« – eine deutliche Aufforderung für die Klubverantwortlichen, den Vertrag mit César über das Jahr 1997 hinaus zu verlängern.

Besonders viel Einsatzbereitschaft zeigte César in seinem dritten Jahr bei Dortmund: Obwohl Muskeln und Kniegelenke ihm permanent zu schaffen machten, verschob er die notwen-

KARRIERE-HIGHLIGHTS

Als Júlio César 1994 mit Andreas Möller von Juventus Turin nach Dortmund kam, war der Brasilianer bereits 31 Jahre alt, und man erwartete nicht mehr allzuviel von ihm. Doch schon bald war die Skepsis der Fachpresse verschwunden. So ballsicher, so athletisch, so schuß- und kopfballstark und so schnell hatte sich vor César noch nie ein Abwehrspieler in der Bundesliga präsentiert.

Von seiner Perfektion und seiner Spielintelligenz profitierten die Borussia im allgemeinen und sein Abwehrpartner Matthias Sammer im besonderen. Mit der besten Abwehr der Bundesliga (33 Gegentore, Werder Bremen wurde mit 39 Zweiter) wurde der BVB **Deutscher Meister**, ein Erfolg, den die Borussia in der Saison 1995/96 wiederholte.
Im August 1995 sicherte der Brasilianer den Westfalen mit einem Volleyschuß zum 1:0-Sieg über DFB-Pokalsieger Borussia Mönchengladbach den **Supercup**.
Als Nationalspieler feierte Júlio César Triumphe bei der **WM in Mexiko 1986**. Als Abwehrchef lieferte er eine ähnlich souveräne Leistung wie 16 Jahre zuvor sein berühmter Landsmann Carlos Alberto beim Titelgewinn der Brasilianer in Mexiko. Alle vier Spiele bis zum Viertelfinale gewannen die Südamerikaner ohne Gegentor: Den 1:0-Siegen gegen Spanien und Algerien folgte das 3:0 gegen Nordirland und das 4:0 gegen Polen. In der Runde der letzten Acht schoß César seinen Strafstoß im abschließenden Elfmeterschießen gegen Frankreich an den Pfosten. Da vorher auch Sócrates vergeben hatte, kamen trotz des Fehlschusses von Platini die Europäer ins Halbfinale.
1993 holte César mit Juventus Turin den **UEFA-Pokal**. Borussia Dortmund mußte in den Finals die Überlegenheit der Norditaliener mit Stars wie Roberto und Dino Baggio, Júlio César, Fabrizio Ravanelli, Gianluca Vialli, Antonio Conte, Andreas Möller und Jürgen Kohler anerkennen und unterlag mit 0:3 und 1:3.

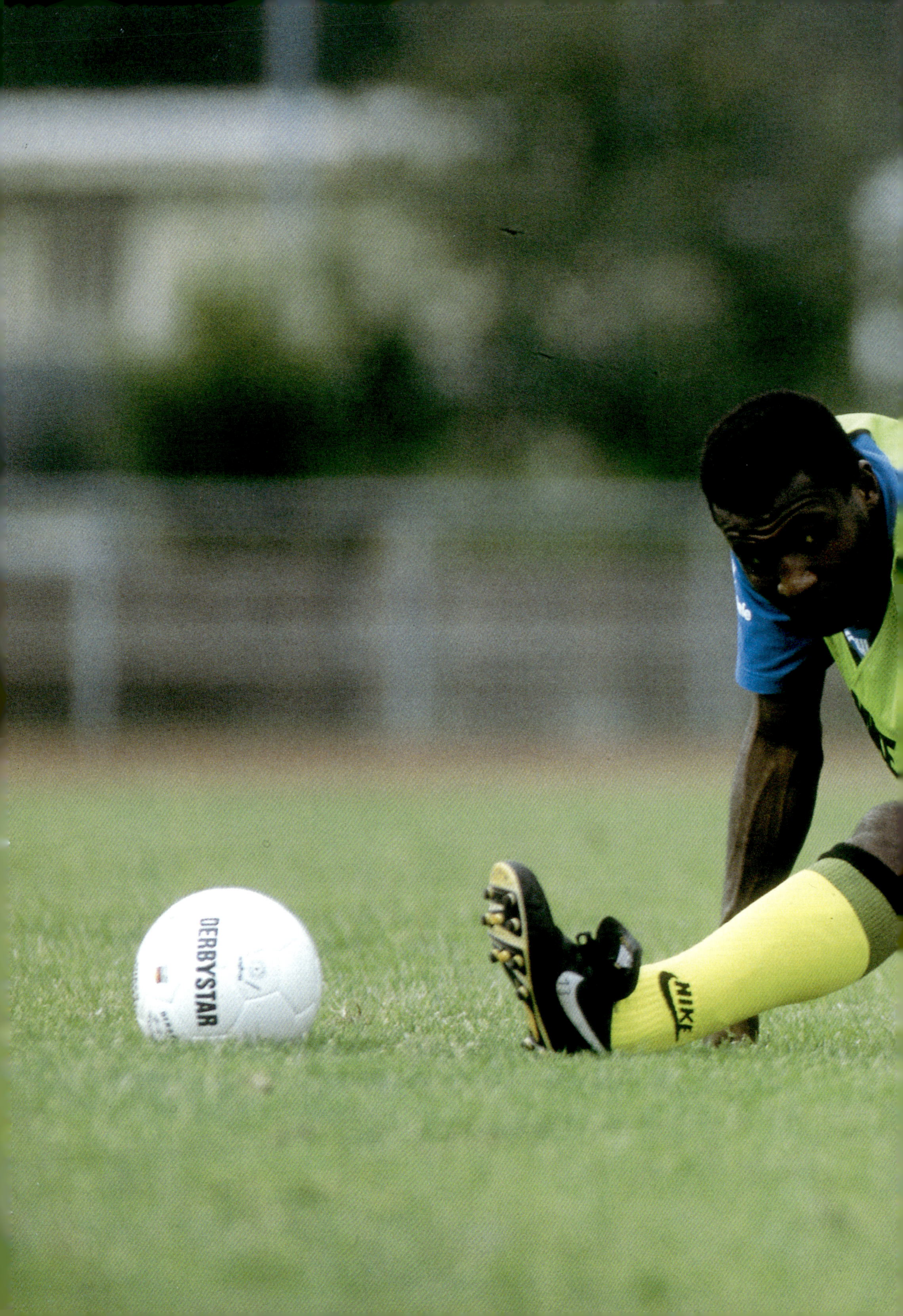
DERBYSTAR
NIKE

Trotz seiner bulligen Figur – 1,90 Meter, 85 Kilogramm – ist Júlio César für einen Fußballer ungewöhnlich beweglich und gewandt.

Doppelt wertvoll für die Borussen: Neben seiner exzellenten Defensivarbeit lieferte Júlio César dank seiner Kopfballstärke wichtige Tore für die Westfalen.

dige Meniskusoperation auf den Spätherbst. In Abwesenheit des Langzeitpatienten Matthias Sammer wollte er die Mannschaft nicht im Stich lassen. Beim 5:0 gegen den Aufsteiger Arminia Bielefeld trat er sogar als doppelter Torschütze in Erscheinung: Zwei Eckbälle von Möller auf den kurzen Pfosten bugsierte César mit dem Kopf sicher ins Netz.

Wer sich so für sein Geld und seinen Arbeitgeber quält, der darf sich sogar einige Eskapaden erlauben. So kann es vorkommen, daß Júlio César, wie Pelé in Bauru aufgewachsen, seinen Heimaturlaub überzieht, sich beim Training entschuldigen läßt, oder eine Mannschaftsbesprechung verschläft. Letzteres geschehen an dem Tag, als die Borussia zum ersten Mal nach 32 Jahren wieder Meister wurde.

Doch dann drückt Trainer Hitzfeld meist beide Augen zu, und auch die anderen Spieler murren nicht. Sie akzeptieren Júlio wie er ist, ein liebenswerter Exot, der der Bundesliga gut zu Gesicht steht – zumal er die Konventionalstrafen stets postwendend begleicht. Die Einzahlungen in die Mannschaftskasse, so frotzeln seine Kollegen, könnten eigentlich per Einzugsermächtigung erfolgen.

DATEN UND FAKTEN

Geboren am 8. März 1963
Geburtsort: Bauru

Klubs: Noroeste Bauru (1976 – 1978), FC Guarani Campinas (1978 – 1986), Stade Brest (1986 – 1987), SC Montpellier (1987 – 1990), Juventus Turin (1990 – 1994), Borussia Dortmund (seit 1994)

Mit Juventus Turin UEFA-Pokal-Sieger 1993, mit Montpellier französischer Pokalsieger 1990, mit Borussia Dortmund Deutscher Meister 1995 und 1996

61 Länderspiele WM-Teilnehmer 1986

SEAN DUNDEE

TOP 20

Ein Diamant aus Südafrika

Der Ball war ihm gewissermaßen in die Wiege gelegt worden. Dennoch konnte Sean Dundee aus Durban zunächst nicht davon ausgehen, seinen Wunschtraum, Profi zu werden, einmal verwirklichen zu können. Die sportlichen Verhältnisse in seinem Heimatland boten kaum eine Perspektive. Und Vater Robin und Mutter Veronica teilten zwar die Fußballbegeisterung ihres Sohnes, waren aber zunächst an einem guten Schulabschluß wesentlich mehr interessiert. Diesen Wunsch erfüllte er ihnen bereitwillig. Sean bestand sein Abitur mit der Note 2,1. Doch dann konnte er seinen Eltern, die ihr Kind natürlich gerne in ihrer Nähe behalten hätten, nicht mehr ohne weiteres folgen. In Südafrika, das wußte er, würde er sein Ziel, Fußballprofi zu werden, nicht erreichen. Fußball führte im Land der Diamanten- und Goldgruben nun mal ein Schattendasein neben Rugby und Cricket. Und so sah er seine Stellung als Halbprofi für den südafrikanischen Ligaklub D'Alberton Callies nur als eine Zwischenstation auf dem Weg nach Europa an. Sein Trainer Gordon Ingsund hatte schon zu dem 15jährigen gesagt: »Sean, ich bringe dich nach Europa.«

»Ein größeres Talent habe ich selten gesehen. Dundee ist kopfballstark wie Riedle und hat einen Innenspann, als hätte er eine Schiene eingebaut.« (Thomas Häßler)

Sean Dundee

»Er ist ein Abstauber wie Gerd Müller, schnell wie Rudi Völler und macht Kopfbälle wie Horst Hrubesch.« (KSC-Präsident Roland Schmider)

KARRIERE-HIGHLIGHTS

Mit seinen 24 Toren für TSF Ditzingen belegte Sean Dundee in der Regionalliga Süd 1994/95 hinter dem Nigerianer Jonathan Akpoborie (Stuttgarter Kickers) den zweiten Platz in der Torschützenliste und zog so die Aufmerksamkeit prominenter Bundesligaklubs auf sich. Das Rennen um den Südafrikaner machte überraschend der Karlsruher SC. Nach zwei Toren beim 2:0 über Uerdingen am neunten Spieltag seiner ersten Bundesligasaison war Dundee aus »Schäfers Herde« nicht mehr wegzudenken. Insgesamt erzielte er 16 Tore und plazierte sich in der Torschützenliste mit Jürgen Klinsmann und Giovane Elber auf Platz zwei hinter Fredi Bobic (17 Treffer). Seine zwei Tore beim 4:1 der Badener in München gegen den FC Bayern beschleunigten die vorzeitige Entlassung von Trainer Otto Rehhagel.
Im Spätfrühling 1996 stand er im **DFB-Pokalfinale,** mußte aber mit dem KSC in Berlin eine 0:1-Niederlage hinnehmen. »Es war meine bisher größte sportliche Enttäuschung«, sagte er in einem Interview mit »kicker-Sportmagazin«.
Die Saison 1996/97 begann er mit einem Paukenschlag. Beim 4:0 gegen den FC St. Pauli erzielte Dundee in sieben Minuten drei Tore. Im 1:1-Spiel in Karlsruhe gegen Leverkusen begeisterte er Franz Beckenbauer: »Weltklasse«, lobte der Bayern-Präsident, als sich Dundee nach einer Flanke des Elsässers Marc Keller blitzschnell drehte und den Ball gegen den Pfosten knallte. Nach dem sensationellen 3:0-Sieg der Karlsruher im **UEFA-Pokal** gegen AS Rom, zu dem Dundee ein Tor beisteuerte, verglich Thomas Häßler den Klubkollegen sogar mit Hollands bestem Stürmer aller Zeiten: »Erst bei Sean habe ich diese typischen Strafraumaktionen eines Marco van Basten wiedergesehen.«

In seiner südafrikanischen Heimat hatte er keine Chance, Fußballprofi zu werden. Deshalb ging Sean Dundee nach Europa und landete 1995 beim Karlsruher SC.

Im Januar 1993 flogen die beiden nach Stuttgart, wo sie Trainer Rolf Schafstall vom Zweitligaklub Kickers erwartete. Nach einem einwöchigen Test stand für Schafstall fest: »Den nehme ich. Dundee ist sehr kopfballstark, sehr laufstark, mit einem starken Drang zum Tor.« Doch vor der starken Stürmerkonkurrenz in Degerloch ging der Südafrikaner in die Knie. An Fredi Bobic, Dimitrios Moutas, Ralf Vollmer und Demir Hotic kam Dundee nicht vorbei und deshalb nur ganz selten zum Einsatz. Schafstall schob ihn in die zweite Mannschaft ab.

24 Tore in der Regionalliga

Bevor der junge Spieler jedoch in Resignation verfiel, fing ihn Michael Feichtenheimer, der Trainer des Amateur-Oberligaklubs TSF Ditzingen auf. Die beiden hatten sich während Dundees kurzer Zeit bei den Kickers kennengelernt, wo Feichtenheimer als Kotrainer arbeitete. In der Provinz gewann Dundee schnell sein verlorengegangenes Selbstwertgefühl zurück und empfahl sich mit seinen Toren für höhere Aufgaben. In der Saison 1994/95 schaffte er 24 Treffer. Nur der nigerianische Nationalspieler Jonathan Akpoborie (damals Stuttgarter Kickers) traf in der Regionalliga Süd besser.

Bayern schon zugesagt

Bald schon umwarben der VfB Stuttgart, der 1. FC Nürnberg, Bayer Leverkusen, der Karlsruher SC und der große FC Bayern den 22jährigen, der mit beiden Beinen gleich gut zu schießen verstand und schon deshalb etwas Besonderes war. Dundee sagte den Münchnern erst zu und dann auf Anraten von Claus Reitmayer, der bei

Im Einstandsjahr in der Bundesliga erfolgreicher als so berühmte Vorgänger wie Gerd Müller und Rudi Völler: Sean Dundee brachte es auf 16 Treffer.

Sean Dundee

DIE SCHNELLSTEN HATTRICKS DER BUNDESLIGA

Als Sean Dundee im August 1996 beim 4:0 des KSC gegen den FC St. Pauli ein Hattrick in sieben Minuten gelang, vermeldeten voreilige Reporter einen neuen Bundesligarekord. Doch noch schneller als der Südafrikaner war der Duisburger Michael Tönnies im August 1991 beim 6:2 gegen den KSC gewesen: er brauchte nur 5 Minuten. Jürgen Klinsmann benötigte für seinen Hattrick beim 7:0 des VfB Stuttgart gegen Fortuna Düsseldorf im März 1986 zwölf, Gerd Müller beim 9:0 des FC Bayern gegen Tennis Borussia Berlin im September 1976 dreizehn Minuten. Und Stéphane Chapuisat erzielte seine drei Tore beim 3:2 von Borussia Dortmund gegen Werder Bremen im März 1994 in einer Viertelstunde.

den Stuttgarter Kickers sein Freund geworden war, wieder ab. Der Torhüter, inzwischen beim Karlsruher SC, berichtete dem Südafrikaner vom guten Betriebsklima bei dem Badener Klub und von den außergewöhnlichen Fähigkeiten des Trainers Winfried Schäfer im Umgang mit jungen Talenten.

Mißglücktes Debüt

Ausgerechnet gegen den FC Bayern schickte ihn Schäfer dann in sein erstes Bundesligaspiel. Beim Stand von 1:4 im Wildparkstadion wurde Dundee eingewechselt. Am Ende hieß es 2:6. »Es war grausam, ich wußte nicht, was um mich herum geschah«, erinnerte sich der Spieler später an den mißglückten Einstand. Doch weil auch die etablierten Stürmer Adrian Knup, Sergej Kirjakow, Edgar Schmitt und Christian Wück das Tor nur selten oder überhaupt nicht trafen, versuchte es der KSC-Trainer weiter mit dem Import vom Kap der Guten Hoffnung. Am neunten Spieltag reichte Dundee dann das Glück die Hand: Gegen Uerdingen schoß der Südafrikaner, in der Halbzeit eingewechselt, die Tore zum 2:0-Sieg und eroberte die Herzen der KSC-Fans im Sturm. Im Dezember 1995, als der Kroate Slaven Bilic nach England ging und so den dritten Platz für einen Nicht-EG-Ausländer freimachte, wurde Dundee zum Profi befördert und zusehends stärker. Bald lehrte er die Bundesliga-Torhüter das Fürchten.

Gleichzeitig bekam er eine Einladung von Südafrikas Nationaltrainer Clive Barker: Ende Dezember sollte Dundee gegen Deutschland sein Debüt in der Nationalmannschaft geben.

Eine großartige Saison

Der Spieler flog nach Südafrika, schützte aber vor Spielanpfiff eine Verletzung vor, um nicht antreten zu müssen. Denn eine FIFA-Bestimmung besagt, daß, wer einmal für ein Land in der Nationalmannschaft gespielt hat, auch nach einer Einbürgerung nicht mehr in ein anderes Nationalteam aufgenommen werden kann. In der Zwischenzeit aber hatte sich bei Dundee der Gedanke festgesetzt, Deutscher werden zu wollen. Berti Vogts war daran nicht ganz unschul-

> »Dundee ist so reaktionsschnell vor dem Tor; er reagiert immer einen Tick schneller als sein Gegenspieler.« (Gerd Müller)

DATEN UND FAKTEN

Geboren am 7. Dezember 1972
Geburtsort: Durban (Südafrika)

Klubs: Bayview Durban (1980 – 1989), D'Alberton Callies FC (1989 – September 1992), Stuttgarter Kickers (Januar 1992 – Dezember 1993), TSF Ditzingen (Januar 1994 – 1995), Karlsruher SC (seit 1995)

Mit dem KSC DFB-Pokalfinalist 1996 und UEFA-Pokal-Teilnehmer in der Saison 1996/97
Zweiter in der Torschützenliste 1995/96 (16 Tore)

dig. »Ich hoffe, Dundee überlegt sich das und sagt den Südafrikanern ab. Dann könnte er in zwei Jahren, wenn er sich weiter so entwickelt, große Chancen haben, für uns zu spielen«, wurde der Bundestrainer von »Sport-Bild« zitiert.

Und wie sich dieser Sean Dundee entwickelte. Schon in seiner ersten Bundesligasaison brachte er es auf 16 Treffer und feierte damit einen besseren Einstand in der Bundesliga als Stürmer-Größen wie Gerd Müller (15 Treffer in der Saison 1965/66 für den FC Bayern), Rudi Völler (neun Treffer in der Saison 1980/81 für München 1860) oder Jürgen Klinsmann (15 Tore in der Saison 1984/85 für den VfB Stuttgart) vor ihm.

Das Schnäppchen

Im Herbst 1996 betrieb der Spieler, der familiäre Wurzeln in Schottland und Irland hat, seine Einbürgerung in Deutschland, tatkräftig unterstützt vom DFB und von Berti Vogts, der Dundee am liebsten schon im Sommer mit zur EM nach England genommen hätte. Im Januar 1997 hatte er es geschafft: Dundee war Deutscher und frei für die Nationalmannschaft.

Schon Mitte 1996 hatte »Crocodile Dundee«, wie er nach einem australischen Filmhelden genannt wurde, beim KSC einen Vertrag bis zum Jahr 2003 unterschrieben. Ob der Neu-Deutsche aber zur Jahrtausendwende noch das Trikot der Badener tragen wird, darf indes bezweifelt werden, auch wenn der Jungstar mit dem Kinderlächeln wiederholt beteuerte: »Ich warte jetzt nicht auf große Angebote. Meine Lernphase ist noch längst nicht abgeschlossen. Ich lerne täglich von Thomas Häßler. Für mich ist er der König.«

Tatsache ist, daß Dundees Kontrakt eine Ausstiegsklausel enthält. Zehn Millionen Mark – so wird kolportiert – muß der Klub zahlen, der den Torjäger haben will. Bekommen hatten ihn die Karlsruher 1995 für 250 000 Mark – so etwas nennt man wohl ein Schnäppchen.

Schon im Sommer 1996 wollte ihn Berti Vogts mit zur EM nach England nehmen: Sean Dundee, der sich hier gegen den Schalker Ives Eigenrauch behauptet.

Links: Im Januar 1997 wurde Sean Dundee endlich Bundesbürger und präsentierte sich mit dem deutschen Reisepaß.

TOP 20

STEFAN EFFENBERG

Als Lehrling begann er seine Profikarriere 1986 bei der Gladbacher Borussia; als Meister kehrte Stefan Effenberg 1994 auf den Bökelberg zurück.

»Ein Jasager werde ich nie«

»Effenberg ist mir dreimal lieber als ein Spieler, der sich erst nach Osten und nach Westen dreht, bevor er sich traut, seine Meinung zu sagen.« (Pierre Littbarski)

Jahrelang behauptete Berti Vogts, daß es den Spielmacher alter Prägung nicht mehr gäbe. Sein Argument: »Die Räume für diese Spieler sind nicht mehr da.« Inzwischen sind solche Töne nicht mehr zu vernehmen. Schuld könnte ein Spieler sein, der nach seiner Rückkehr aus Italien auf dem Bökelberg in Mönchengladbach recht erfolgreich bemüht ist, diese Ansicht des Bundestrainers zu widerlegen. Frei nach dem Motto: »Wenn ich die Freiheit auf dem Rasen nicht kriege, muß ich sie mir nehmen« prägt Stefan Effenberg das Spiel des Borussia-Teams ähnlich eindrucksvoll wie sein berühmter Vorgänger Günter Netzer in den goldenen siebziger Jahren.

Traumtor gegen den Meister

Parallelen zwischen den beiden gibt es genug: Auch Effenberg kommt mit großen Schritten aus der Tiefe des Raumes. Auch Effenberg schlägt Pässe, die eine ganze Abwehr aushebeln können. Und auch Effenberg schießt Tore, die ein Spiel entscheiden können und oft auch noch einen Schönheitspreis verdienen.

Ein Beispiel: Im Herbst 1996 lieferte er im 5:1-Spiel gegen den Meister Borussia Dortmund eine Weltklassepartie. Effe, wie ihn seine Kollegen nennen, schlenzte den Ball vom Strafraumeck aus mit dem Außenrist des rechten Fußes hoch in den Torwinkel – unerreichbar für den sich streckenden Stefan Klos. Der Treffer weckte Erinnerungen an das denkwürdige 7:1-Europapokalspiel 1971 auf dem Bökelberg gegen Inter Mailand. Damals beförderte Netzer den Ball per Dropkick ebenfalls mit dem Außenrist ins Tor der Italiener.

Eine gehörige Portion Chuzpe

Hierin erschöpfen sich die Gemeinsamkeiten der beiden indes nicht: Wie Netzer besitzt Effenberg ein extrem starkes Selbstwertgefühl, das zudem noch eine gehörige Portion Chuzpe enthält. Schon als Jungprofi klopfte er in Gladbach Grenzen ab oder überschritt sie gelegentlich. Doch da auf dem Platz die Leistung stimmte, überstand Effenberg seine beruflichen Flegeljahre relativ schadlos.

So wurde ihm auch ein Lausbubenstreich wie folgender von Klub und Laufbahn-Vater Wolf Werner bereitwillig verziehen: 1988 war der Maurersohn, der bei der Post eine Lehre absolviert hatte, mit dem Geländewagen des Trainers aus dem Trainingslager der Borussia ausgebüxt und dann im Morast steckengeblieben.

Seine Worte: »Zu den Bayern würde ich nie gehen; die sind mir zu arro-

Wie früher Günter Netzer kommt Stefan Effenberg aus der Tiefe des Raumes und ist in seinem Vorwärtsdrang kaum zu bremsen.

Stefan Effenberg

DATEN UND FAKTEN

Geboren am 2. August 1968
Geburtsort: Hamburg

Klubs: Viktoria Hamburg (1974 – 1986), Borussia Mönchengladbach (1986 – 1990), Bayern München (1990 – 1992), AC Florenz (1992 – 1994), Borussia Mönchengladbach (seit 1994)
Mit Borussia Mönchengladbach DFB-Pokalsieger 1995
33 Länderspiele (5 Tore)
EM-Zweiter 1992
WM-Teilnehmer 1994

Rechte Seite: Für seine Länge, immerhin 1,86 Meter, ist Stefan Effenberg erstaunlich beweglich. Immer wieder verblüfft er das Publikum mit artistischen Einlagen.

gant«, erwiesen sich als Schall und Rauch und hielten Bayern-Manager Uli Hoeneß nicht davon ab, den »jungen Wilden« zu umwerben. 1990 war der Deal perfekt.

Regisseur und Rüpel

In München blieb er seinem Doppelleben treu. Effenberg spielte den Regisseur und den Rüpel und ließ sich weder von Franz Beckenbauer oder Karl-Heinz Rummenigge noch von Uli Hoeneß oder Trainer Jupp Heynckes disziplinieren. Heynckes forderte er nach einem Disput zum Schlagabtausch heraus (»Trainer, wenn Sie was von mir wollen, gehen wir raus«), den Mannschaftskollegen Olaf Thon hänselte er nach seinem Länderspieldebüt im Juni 1991: »Ich war in der Nationalmannschaft, er nicht.« Etwa zur gleichen Zeit verkündete er, daß er ein Italien-Angebot habe und den Verein verlassen wolle. Ehe es aber soweit war, mußte er noch einiges erdulden – zum Beispiel ein Spießrutenlaufen in Nürnberg. Nie zuvor artikulierten sich Unmut und Ablehnung gegenüber einem Nonkonformisten im Fußballtrikot so unbarmherzig wie an diesem 16. Oktober 1991 im Länderspiel gegen Wales. Gellende Pfiffe begleiteten Effenberg beim Warmlaufen, bei der Einwechslung (für Thomas Doll) und anschließend bei jedem Ballkontakt.

»Für Volkes verzerrte Stimme war im Stadion am ehemaligen Reichsparteitagsgelände die lang ersehnte Gelegenheit gekommen, dem Widerspenstigen eine Quittung auszustellen. Sätze wie ›So gut wie unser Weltmeister Buchwald bin ich schon lange‹ oder ›Bayern wird Meister, weil alle anderen zu dumm sind‹ hatten sie aufgestachelt«, schrieb Henry Allgaier in der »Frankfurter Allgemeinen Zei-

KARRIERE-HIGHLIGHTS

Gleich im ersten Jahr seiner Rückkehr auf den Bökelberg dirigierte Stefan Effenberg den VfL Borussia Mönchengladbach zum **Pokalsieg**. Beim 3:0-Sieg im Finale 1995 gegen den VfL Wolfsburg im Berliner Olympiastadion sorgte der Italien-Heimkehrer vor 75 717 Zuschauern mit seinem Tor zum 2:0 für die Vorentscheidung. Es war der erste Titel für den Renommierklub vom Niederrhein seit dem UEFA-Pokal-Gewinn 1979 gegen Roter Stern Belgrad. Errungen wurde er von der Mannschaft Kamps; Kastenmaier, Andersson, Klinkert, Neun; Wynhoff (88. Stadler), Pflipsen, Effenberg, Hochstätter (66. Fach); Dahlin und Herrlich.
In der Saison 1995/96 mußte der Kapitän des VfL Borussia zwar seine Prognose korrigieren (»Wir kämpfen mit Dortmund und Bayern um die Meisterschaft«), nicht jedoch auf internationale Spiele verzichten. Als Tabellenvierter qualifizierten sich die Gladbacher für den **UEFA-Pokal**. Zum Auftakt gelangen zwei 3:2-Siege über Londons Topklub FC Arsenal. Effenberg zeigte in beiden Spielen Weltklasseleistungen und erzielte wichtige Tore. Im Rückspiel in Köln bedeutete sein Treffer zum 2:2 das Weiterkommen der Borussia.
Sein Debüt in der Nationalmannschaft gab er in einem EM-Qualifikationsspiel 1991. In Cardiff wurde er gegen Wales (0:1) für Matthias Sammer eingewechselt. Anschließend durfte er noch 32mal für Deutschland spielen, ehe er 1994 aus der Mannschaft verbannt wurde. Von Bundestrainer Berti Vogts regelmäßig als Defensivspieler eingesetzt und so seiner Stärke beraubt, konnte er weder bei der **EM in Schweden 1992** noch bei der WM in den **USA 1994** seine Fähigkeiten optimal einsetzen.

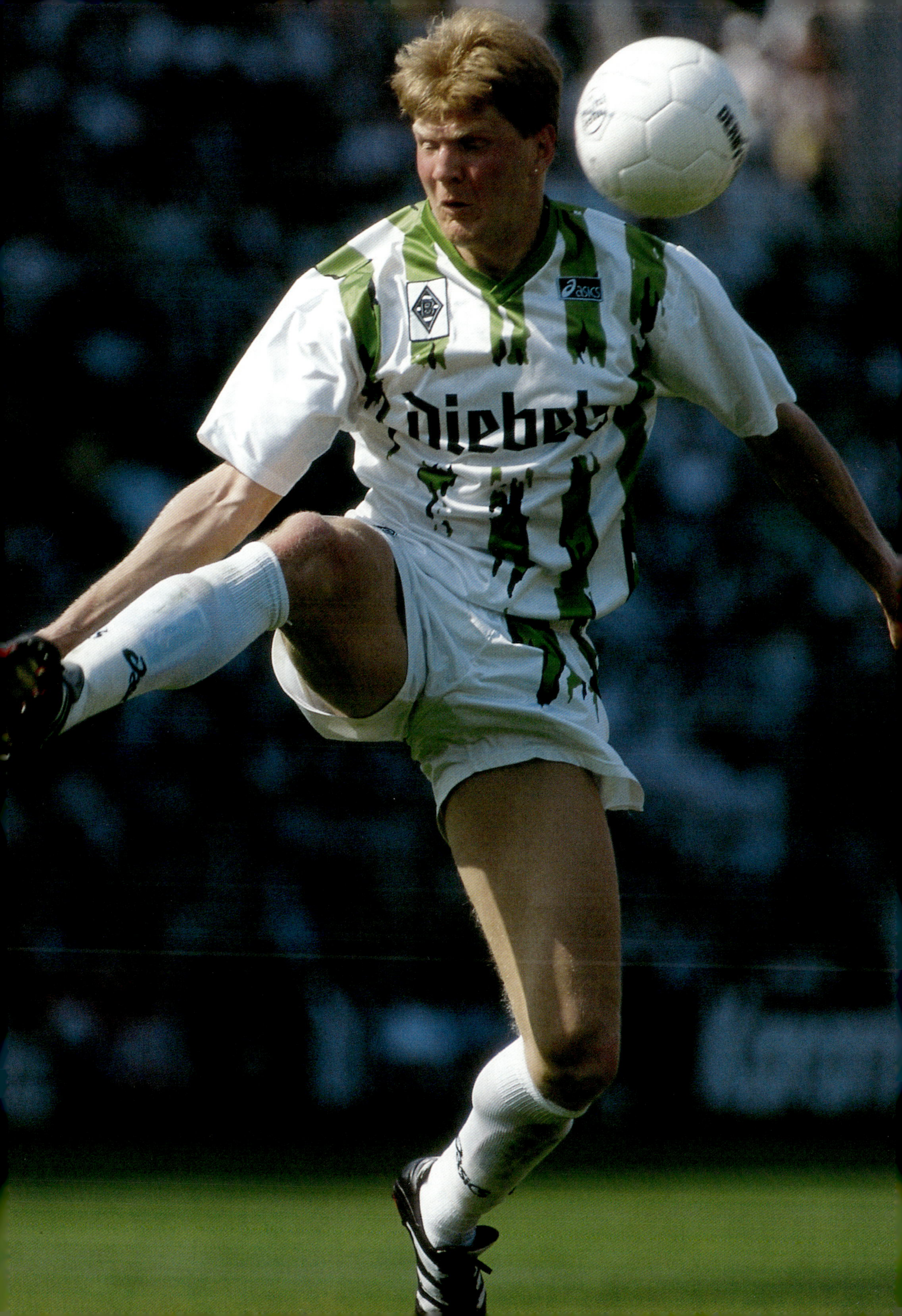
asics

Stefan Effenberg

> »Effenberg hat Charisma und Dynamik; er hat ein Leistungspotential; und er ist kompetent, wenn er am Mikrophon steht.« (Rolf Rüßmann)

tung«. Bundestrainer Vogts kommentierte den kollektiven Wutausbruch mit der Bemerkung: »So ekelt man den Stefan aus Deutschland raus.«

»Wagnerischer Dirigent«

Neun Monate später stand Effenberg auf der Gehaltsliste des AC Florenz. Obwohl er im Bayern-Krisenjahr 1991/92 als einer von wenigen stark spielte und Uli Hoeneß eigentlich 15 Millionen Mark für ihn haben wollte, ließ der Klub seinen wertvollsten Mann letztlich für sieben Millionen Mark ziehen. Effenberg hatte die Trennung forciert und sogar Franz Beckenbauer angegriffen: »Mit seinen Kritiken trägt er zuviel Unruhe in die Mannschaft.«

In der neuen Umgebung blühte der preußische Dickschädel auf. Seine Mitspieler akzeptierten, daß er mehr verdiente als sie, und billigten ihm seine zentrale Rolle in der Mannschaft zu. Die italienischen Medien waren angetan von seinem kraftvollen und kompromißlosen Spiel, von der bestimmenden Art, mit der er seinen Führungsanspruch unterstrich. Einige Schreiber bedachten ihn mit besonders phantasiereichen Metaphern: »Wagnerischer Dirigent« oder »Monument der athletischen Kraft, groß auf jedem Fleck des Feldes«.

Offerte von Juventus

Anfang 1993 flatterte Effenberg-Berater Norbert Pflippen eine Offerte von Juventus Turin auf den Tisch. Der Klub des italienischen Autokönigs Giovanni Agnelli wollte Effenberg gegen Andreas Möller tauschen und dem Hamburger für einen Dreijahresvertrag elf Millionen Mark zahlen, meldeten die Zeitungen. Doch das Geschäft kam nicht zustande; der Finanzier der Florentina, der Filmehändler Cecchi Gori, dachte nicht daran, sein bestes Pferd im Stall zu verkaufen.

Am Ende der Saison 1992/93 war Effenberg mit Florenz abgestiegen und höchst besorgt um seine Nationalspielerkarriere. Doch Berti Vogts tröstete den Spieler, der am sportlichen Mißerfolg seiner Mannschaft die geringste Schuld trug, und versprach ihm: »Auch als Zweitligaspieler bleibst du mein Mann.«

Verbannung

Den Kampf um die Herrschaft im Mittelfeld gegen Lothar Matthäus konnte Effenberg allerdings nicht gewinnen. Vogts stellte ihn dort hin, wo er sich am wenigstens wohl fühlte: ins defensive Mittelfeld oder auf die rechte Ver-

»DER PACKT ES NICHT«

Mit sechs Jahren trat Stefan Effenberg dem Verein bei, für den schon sein Vater gespielt hatte, Viktoria Hamburg. Mit zwölf erklärte er seiner Lehrerin, er werde ohnehin Fußballprofi werden. Nach dem Unterricht verbesserte er seine Schußtechnik täglich stundenlang an einer Turnhallenmauer.
1986 gewann er zwar mit der Hamburger Auswahl beim DFB-Jugendlager in Duisburg den Hermann-Joch-Preis, fiel aber anschließend beim Sichtungsturnier für die DFB-Jugendauswahl ebenso durch wie beim Test des Hamburger SV. »Mit dem können wir nichts anfangen; der packt es nicht«, soll der damalige Nachwuchstrainer Gerd-Volker Schock über den blonden Schlacks gesagt haben.

teidigerposition. Diese Tortur bekam Effenberg nicht: Bei der WM 1994 in Amerika verlor er jeglichen Einfluß aufs Spiel und schließlich die Contenance: Im Vorrundenspiel gegen Helmer ausgetauscht, verabschiedete er sich mit ausgestrecktem Mittelfinger von den deutschen Fußballtouristen, die ihn ausgepfiffen hatten. DFB-Präsident Egidius Braun und Berti Vogts sahen in dem Fauxpas einen Akt höchster Verwerflichkeit und schickten den Spieler umgehend nach Hause. »Solange ich Bundestrainer bin, wird Effenberg nie wieder in der Nationalmannschaft spielen«, sprach Vogts. Trotz Einlenkungsversuchen von Braun (»Der Effenberg ist geläutert«) und Amnestie-Bemühungen der Effenberg-Freunde Matthias Sammer und Jürgen Kohler blieb die Tür für den Spieler zu.

Die Karriere des Norddeutschen beeinträchtigte die Verbannung aus der Nationalmannschaft indes kaum – und da schließt sich der Kreis zu Günter Netzer. Auch Gladbachs Spielmacher der siebziger Jahre war auf Länderspiele nicht angewiesen. Netzer sammelte Meriten in der Bundesliga und im Europapokal, genau wie Effenberg, als er nach Deutschland zurückkam.

Rüßmanns großer Coup

Werder Bremen und Borussia Mönchengladbach bemühten sich 1994 um den Mann, dem nach der WM in Italien ein kalter Wind ins Gesicht blies. Im Manager-Wettstreit um seine Unterschrift lieferten sich Willi Lemke und Rolf Rüßmann einen erbitterten Kampf, den schließlich der Gladbacher gewann. Effenberg, von der Borussia zunächst für 1,7 Millionen Mark ausgeliehen und ein Jahr später für 7,5 Millionen Mark gekauft, übernahm das Kommando am Bökelberg. Mit ihm kehrte der Erfolg zurück. Durch ihn wurde die Borussia von einer wetterfühligen zu einer wetterfe-

Zwei, die für den VfL Borussia Mönchengladbach so gut wie unentbehrlich sind: Mannschaftskapitän Stefan Effenberg und der langgediente Christian Hochstätter.

Stefan Effenberg

Stefan Effenberg und seine Ehefrau Martina, die im Leben des Spielers und auch bei Vertragsverhandlungen die Hauptrolle spielt.

sten Mannschaft. 1995 holte der Klub – vorher 16 Jahre lang ohne Titel – den DFB-Pokal und 1996 einen UEFA-Pokal-Platz.

Zu Beginn der Saison 1996/97 sah es einige Wochen so aus, als könne die Borussia ihren Superstar nicht halten. Real Madrid und Bayern München lockten mit Gagen, die Effenberg ins Grübeln brachten. »Effe geht« titelte »Bild« am 30. August, doch das Boulevardblatt irrte. Nicht Effenberg wechselte zu Real Madrid, sondern Kölns Torhüter Bodo Illgner, seit den EM-Tagen von Schweden ein Busenfreund des Gladbachers.

Vertrag bis 2000

Effenberg verlängerte seinen Vertrag in Gladbach bis zum Jahr 2000. Der Spieler und seine Frau Martina, eine knallharte Verhandlungspartnerin, erstritten Bedingungen, die an die Schmerzgrenze des Klubs gingen. Von fünf Millionen Mark pro Jahr war die Rede. Effenberg selbst hatte schon vor dem Abschluß des Kontrakts höchste Zufriedenheit mit seinem Arbeitsplatz geäußert: »Ich brauche einen guten Trainer, ein positives Umfeld, einen vernünftigen Manager – das alles habe ich bei Gladbach«. Damals hieß der Trainer noch Bernd Krauss. Er wurde in der Winterpause von Hannes Bongartz abgelöst.

Ein großer Augenblick in seiner Klubkarriere: Stefan Effenberg nach dem Gewinn des DFB-Pokals 1995 im Berliner Olympiastadion.

GIOVANE ELBER

TOP 20

In der Bundesliga begehrt wie kein anderer: der Brasilianer Giovane Elber.

Der mit dem Ball tanzt

Obwohl als Torschützenkönig der Schweiz mit 21 Toren hinreichend empfohlen, rannte man Elber de Souza Giovane im Sommer 1994 nicht gerade die Tür ein. Vielleicht bremste die Erinnerung an die Zeit vor dem Erfolgsjahr in der Alpenrepublik die Begeisterung für den Brasilianer ein wenig.

1991 als talentiertester Spieler des U-20-Nationalteams vom AC Mailand verpflichtet, geriet er in Italien schnell ins Abseits. »Keine Chance, zu viele Stars«, stellte er fest und nahm das Angebot der Grasshoppers Zürich dankbar an. Für ihn war es eine willkommene Gelegenheit, gutes Geld zu verdienen und Erfahrungen im europäischen Fußball zu sammeln. Aber es dauerte fast zwei Jahre, ehe der Brasilianer dort festen Boden unter die Füße bekam. »Elber fühlt sich bei den Grasshoppers etwa so wohl wie die Kellnerin eines Münchner Biergartens im Züricher Opernhaus«, bemerkte »Sport«, Zürich, noch im Januar 1993 sarkastisch.

Röbers Verdienst

Erst im dritten Jahr überzeugte Elber seine Kritiker in der Schweiz – und vor allem Jürgen Röber, den Trainer

45

Giovane Elber

SCHULE FÜR STRASSENKINDER

Mit Altherren-Spielern seines Wohnortes Winterbach gründete Giovane Elber, der mit einer Diplom-Psychologin verheiratet ist, einen »Verein zur Förderung brasilianischer Straßenkinder«. Das Geld, das hier zusammenkommt (bis dato über 400 000 Mark), fließt in das Projekt »Pestalozzi« – eine Berufsschule, in der Straßenkinder kostenlos Ausbildung und Verpflegung erhalten. Die bisher größte Spende stammt aus dem Haus Mercedes. Das Auto-Unternehmen stiftete für Elbers Schule einen Bus.

Rechte Seite: Da staunt der Laie, und Gegenspieler Martin Spanring wundert sich. Giovane Elber überrascht seinen Bewacher mit einem Fallrückzieher.

»Mit seinen Tricks, seinen Toren und seiner Eleganz verzaubert er die Bundesliga.« (Franz Beckenbauer)

des VfB Stuttgart, und der brachte den als schottisch-sparsam verschrienen Klubpräsidenten Gerhard Mayer-Vorfelder schließlich dazu, 3,3 Millionen Mark Ablöse für den gewünschten Stürmer auf den Tisch zu legen. Inzwischen ist Röber seinen Job in Stuttgart längst los, Elber aber ist das Prunkstück des VfB in jeder Beziehung – als Balljongleur, als Toremacher und auch als Mensch.

Liebling der Bundesliga

Wie hoch der brasilianische Spieler im Kurs steht, war einer groß angelegten Umfrage der »Sport-Bild« im Herbst 1996 zu entnehmen. Spieler, Trainer und Fans stimmten unter 50 Kandidaten über die Leistung seit Saisonbeginn, über Anerkennung bei Spielern und Trainern und über den Grad der Beliebtheit ab. Dabei kam Elber mit 25,36 von maximal 30 Punkten auf Platz eins. Da auch die nächsten beiden Plätze an zwei Stuttgarter Profis fielen, an Fredi Bobic (25,35) und Krassimir Balakov (24,88), wurde die Umfrage zu einem echten Triumph für das »magische Dreieck« des VfB. Hinter dem Trio folgten Köpke, Häßler, Dundee, Sammer und Scholl in dieser Reihenfolge.

Tatsächlich ist es schier unmöglich, von diesem Burschen aus Lateinamerika nicht begeistert zu sein. Wenn Elber in seinen weißen Schuhen über den Rasen gleitet, setzt auf den Rängen regelmäßig ein Raunen ein.

Tore als Kunstwerk

Der Brasilianer tanzt Samba mit dem Ball und den Gegenspielern auf der Nase herum – mit Tricks, die es in unseren Breitengraden bislang nicht zu sehen gab, mit Toren, die oft das Prädikat »künstlerisch wertvoll« verdienen. Unvergeßlich bleibt ein Treffer beim 5:2-Erfolg der Schwabenmannschaft bei den Löwen im Herbst 1996 in München: Nach einer Flanke von Poschner schnellt Elber in die Flugbahn des Balls und setzt die Kugel mit dem Außenrist effektvoll unter die Latte.

Jede Woche überrascht er in der Bundesliga mit neuen Zaubereien. Mal spielt er dem Gegner den Ball mit der Hacke durch die Beine, mal flankt er mit dem Fuß hinter dem Standbein. Oder er dreht mit zwei Toren in drei Minuten ein ganzes Spiel um – so geschehen gegen den SC Freiburg beim

DATEN UND FAKTEN

Geboren am 23. Juli 1972
Geburtsort: Londrina

Klubs:
FC Londrina (bis 1991), Grasshoppers Zürich (1991 – 1994), VfB Stuttgart (1994 – 1997)

Mit Grasshoppers Zürich 1994 Schweizer Pokalsieger
Südamerikanischer Juniorenmeister 1990
U-20-Vizeweltmeister 1991
Schweizer Torschützenkönig 1994 (21 Tore)

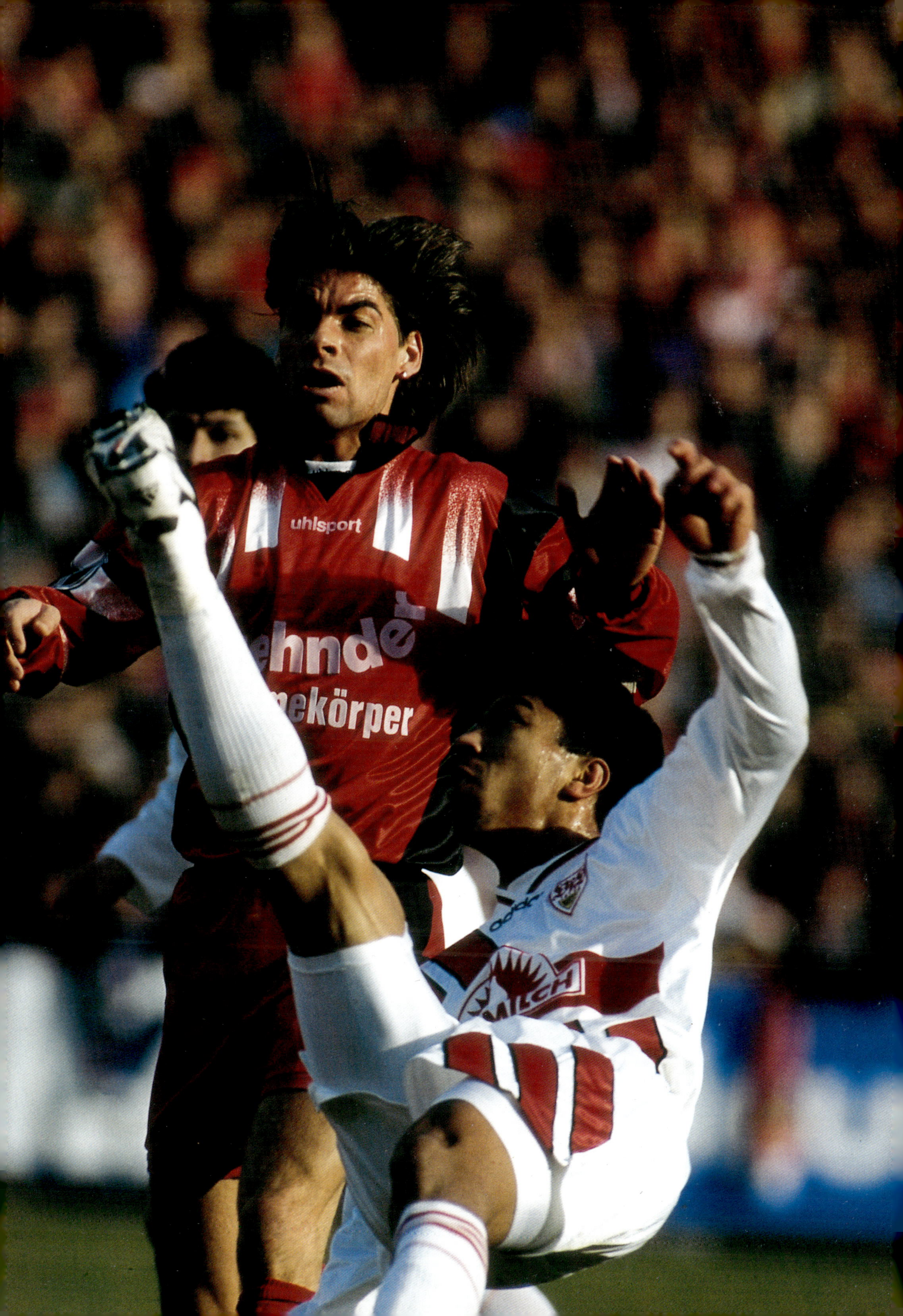
uhlsport
ehnder
mekörper

Dank seiner Klasse und seiner guten Deutschkenntnisse, die er in der Schweiz erwarb, setzte sich Giovane Elber in der Bundesliga auf Anhieb durch.

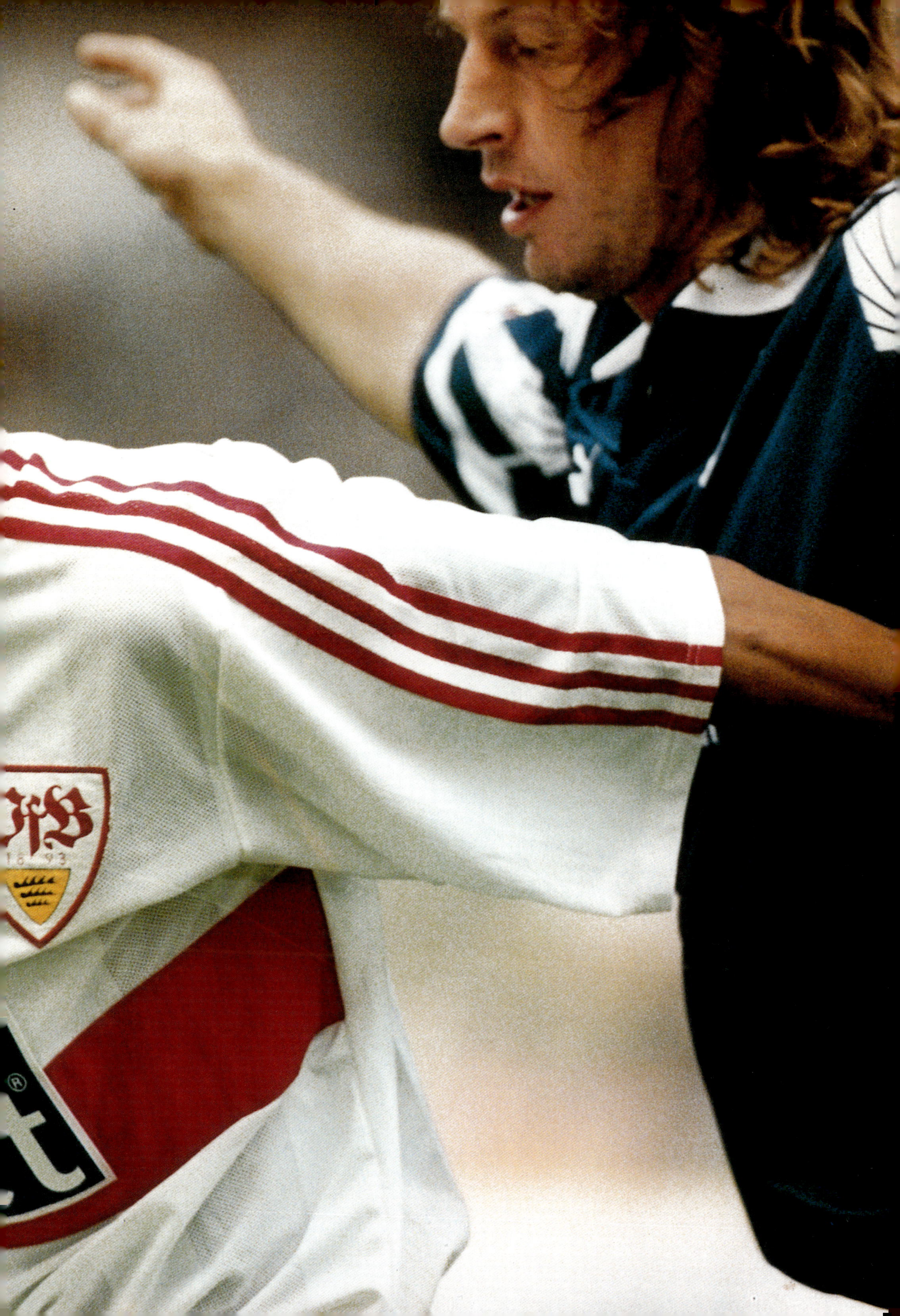

Giovane Elber

Stand von 2:2. Kein Wunder, daß da Jungtrainer Joachim Löw vor Freude über seinen Stürmer jubelte: »Der Giovane ist besser als Gerd Müller.«
Auf alle Fälle beweist Elber eindrucksvoll, daß auch Brasilianern die rauhe Luft der Bundesliga bekommt, wenn das Arbeitsklima beim Klub stimmt und Sprachbarrieren weitgehend beseitigt sind. Das war bereits bei Jorginho und Tita in Leverkusen der Fall und gilt auch für Paulo Sergio.

Ohne Machtstreben

Längst hätte Elber eine Führungsrolle in der Mannschaft beanspruchen können, doch trotz sportlicher Dominanz drängt es den Stürmer, dem Löw-Vorgänger Rolf Fringer gelegentlich eine Neigung zur Bequemlichkeit attestierte, nicht ans Steuerruder. Auf Mitbestimmung legt Elber keinen großen Wert. Ihm liegt mehr an einem guten

> »Es ist ein Hochgenuß, neben Giovane zu spielen. Zwischen uns gibt es so etwas wie eine telepathische Verbindung.«
> (Fredi Bobic)

Verhältnis zu seinen Teamkollegen und vor allem zu Fredi Bobic, den er als Freund und als Leitfigur gleichermaßen schätzt.
Dennoch trennten sich die Wege der beiden. Bei den Vertragsgesprächen pochte Elber-Berater Branchini für den Fall eines vorzeitigen Vereinswechsels auf eine festgelegte Ablösesumme in Höhe von fünf Millionen Mark – eine Forderung, die VfB-Chef Mayer-Vorfelder ablehnte.
So kam der FC Bayern zum Zuge, der dem Brasilianer schon ein Jahr zuvor den Kopf verdreht hatte. Damals hatte gutes Zureden von Freund Bobic noch Erfolg. 1997 blieb es wirkungslos. Und da auch das VfB-Präsidium einsah, es sei besser, jetzt die vom FC Bayern gebotenen Millionen anzunehmen als 1998 leer auszugehen, kam es zum spektakulären Wechsel des Brasilianers von Stuttgart nach München.

»Giovane ist mein Nonplus-ultra«
(VfB-Trainer Joachim Löw)

KARRIERE-HIGHLIGHTS

Als 17jähriger wurde Elber, den sie mit sechs Jahren »Gasolina« (Benzin) riefen, weil er so schnell war, Stammspieler seines Heimatklubs FC Londrina (2. Liga) und ein Jahr später, 1990, mit der Juniorennationalmannschaft südamerikanischer **Juniorenmeister**.
Vom AC Mailand 1991 verschmäht, landete Giovane Elber bei den Grasshoppers Zürich. Der Erfolg stellte sich bei dem Brasilianer erst im letzten Jahr seiner Schweizer Zeit ein: 1994 wurde Elber mit dem Renommierklub »GC« **Pokalsieger**, von seinen Profikollegen zum »besten Ausländer der Liga« gekürt und mit 21 Treffern **Torschützenkönig** des Landes.
Nach seinem von Trainer Jürgen Röber initiierten Wechsel zum VfB Stuttgart hinderte ihn zunächst eine schwere Verletzung daran, seine Qualitäten auch in der Bundesliga zu beweisen. Bei einem Zweikampf mit Albert Kutschera vom TSV München 1860 erlitt er in München einen Knöchelbruch, der ihn für Monate lahmlegte.
In der Saison 1995/96 ging dann der Stern des brasilianischen Ballkünstlers auf. Mit Fredi Bobic und Krassimir Balakov bildet er das vielgerühmte »magische Dreieck«. 16 Treffer brachten ihn neben Jürgen Klinsmann und Sean Dundee auf Platz zwei in der Bundesliga-Torschützenliste, hinter Fredi Bobic, der ein Tor mehr erzielte.

THOMAS HÄSSLER

TOP 20

Icke, der Dauerbrenner

Wenn es gut läuft, kann er nicht genug kriegen von Fußball. Dann gewinnt der Betrachter seines engagierten und effektiven Spiels den Eindruck, dieser Thomas Häßler verfüge über schier unendliche Energiemengen. Doch wehe, sein Akku ist mal leer oder seine Form mäßig – was selten vorkommt –, dann verläßt ihn schnell der Mut und er braucht Menschen, die seinem Selbstwertgefühl wieder auf die Beine helfen.

Rücktrittsgedanken

In der Vergangenheit gelang das seinen Berufskollegen und Freunden Pierre Littbarski und Rudi Völler, den Bundesligatrainern Christoph Daum und Winfried Schäfer und schließlich auch Berti Vogts, der ihm nach der EM in England 1996 seine Rücktrittsgedanken ausredete. In England hatte der Berliner, der als Schüler einmal 3000-m-Meister war, zum ersten Mal Ermüdungserscheinungen gezeigt, für die es allerdings eine Erklärung gab: Die verlängerte Saison beim KSC mit den UI-Cup-Spielen, durch die die Badener doch noch in den UEFA-Pokal schlüpften, hatten seine Kraftreserven aufgezehrt.

Im Herbst 1996 war der, laut »kicker-Sportmagazin«, mit 1,67 Meter kleinste Bun-

Thomas Häßler hat keine Feinde: Die Fans lieben ihn, und die Kollegen schätzen seine Spielkunst, seine raffinierten Flanken und seine Freistöße.

Thomas Häßler

KARRIERE-HIGHLIGHTS

Seine großen Erfolge feierte Thomas Häßler als Nationalspieler. Mit seinem Tor zum 2:1 über Wales schoß er Deutschland zur WM nach Italien, wo die Mannschaft Illgner; Augenthaler; Berthold (73. Reuter), Kohler, Buchwald, Brehme, Häßler, Matthäus, Littbarski; Klinsmann, Völler durch ein 1:0 über Argentinien (Elfmetertor Brehme) 1990 **Weltmeister** wurde. Zwei Jahre später gehörte er der deutschen Mannschaft an, das bei der **EM in Schweden** im Finale eine 0:2-Niederlage gegen Dänemark hinnehmen mußte. Die professionellen EM-Beobachter wählten Häßler zum besten Spieler des Turniers. Im selben Jahr kürten ihn Italiens Fachkritiker zum **besten ausländischen Spieler**. Häßler spielte damals beim AS Rom. Nachdem ihn der 1. FC Köln 1990 für 15 Millionen Mark an Juventus Turin verkauft hatte, mußte er nach einem Jahr bei Italiens Rekordmeister wieder die Koffer packen; er paßte nicht in das Konzept von Trainer Giovanni Trapattoni. 1994 ließ der AS Rom den Berliner für sechs Millionen Mark ziehen. In Karlsruhe stieg er schnell zum Publikumsliebling auf. Die Zahl der verkauften Dauerkarten stieg von 6570 auf mehr als 14 000 Stück. Nach einer wenig erfolgreichen **WM in den USA** 1994 wurde er 1996 in England **Europameister**. Gleich zweimal, 1989 und 1992, wurden seine Leistungen und sein vorbildliches Verhalten mit dem Titel **»Fußballer des Jahres«** belohnt. Mit dem 1. FC Köln erkämpfte er in der Bundesliga 1988 und 1989 den zweiten Platz hinter dem Meister FC Bayern. Mit dem KSC erreichte er 1996 über den Umweg des UI-Cups die Teilnahme am lukrativen **UEFA-Pokal**.

desligaspieler dann wieder riesig. Nach dem 5:1-Sieg der Nationalmannschaft über Armenien in Eriwan und dem 3:0 des KSC im UEFA-Pokal gegen den AS Rom attestierte ihm Berti Vogts »Weltklasse«.

Harte Zeiten in Köln

Häßlers außergewöhnliche Begabung wurde beim Länderpokalspiel der Berliner Jugendauswahl in Duisburg bemerkt. Der Junge aus Reinickendorf dribbelte derart überzeugend an seinen Bewachern vorbei, daß Manager Hennes Löhr und Jugendtrainer Christoph Daum vom 1. FC Köln bei den Eltern des 17jährigen in Berlin vorstellig wurden. Mit Hinweis auf die positiven Erfahrungen des Berliners Pierre Littbarski, der sich in Köln gut eingelebt hatte, gelang es ihnen, das umworbene Talent an den Rhein zu holen.

Doch anders als Litti fiel Häßler, von seiner Freundin in Berlin getrennt, erst einmal in ein schwarzes Loch. Er ernährte sich falsch – Pommes frites mit Ketchup – und schlug seine Freizeit in Kneipen, am Billardtisch und an Flipperautomaten tot.

Der Vater las ihm die Leviten

Bei Trainer Georg Keßler, dem nur ein kurzes Gastspiel beim 1. FC Köln vergönnt war, schien er zwar wieder festen Boden unter die Füße zu bekommen, doch unter Keßlers Nachfolger, dem bisherigen Assistenten Daum,

»Er ist mein absoluter Lieblingsspieler in der Nationalmannschaft. Icke spielt echten Lausbubenfußball, der aus dem Herzen kommt.« (Fredi Bobic)

DATEN UND FAKTEN

Geboren am 30. Mai 1966
Geburtsort: Berlin

Klubs: BFC Meteor 06 Berlin (1972 – 1979), Reinickendorfer Füchse (1979 – 1983), 1. FC Köln (1983 – 1990), Juventus Turin (1990 – 1991), AS Rom (1991 – 1994), Karlsruher SC (seit 1994)

83 Länderspiele (10 Tore)
Olympia-Teilnehmer 1988 (Gewinn der Bronzemedaille)
Weltmeister 1990
WM-Teilnehmer 1994
EM-Zweiter 1992
Europameister 1996
Fußballer des Jahres 1989, 1992
Bester ausländischer Spieler in Italien 1992
Bester Spieler der EM 1992

ging seine seelische Balance wieder verloren. Im Januar 1987 war Häßler sogar fest entschlossen, Köln zu verlassen.

Die Wende bewirkten schließlich mehrere Umstände: Seine neue Freundin und spätere Frau kam nach einem beruflichen Intermezzo im Schwarzwald nach Köln zurück, und Pierre Littbarskis Rückkehr aus Frankreich schuf Aussichten auf eine fruchtbare sportliche Zusammenarbeit. Trainer Daum (»Entweder du reißt dich zusammen oder du kannst deine Kunststückchen in einer Thekenmannschaft vorführen.«) und Vater Klaus (»Du mußt dich durchbeißen, Junge. Wenn du Willen zeigst, kannst du viel Geld verdienen.«) redeten ihm ins Gewissen.

▶ Krach liegt ihm nicht

Gemeinsam mit Landsmann Pierre Littbarski feierte der Berliner schließlich große Triumphe, vor allem in der Nationalmannschaft. Freilich: Trotz seiner Erfolge und trotz seines wachsenden Einflusses auf das Spielgeschehen blieb Häßler der »liebe« Icke. Er sagte zu allem Ja und Amen – oder einfach gar nichts.

DFB-Teamchef Franz Beckenbauer, von seinem Länderspieldebüt im August 1988 beim 4:0-Sieg gegen Finnland in Helsinki hellauf begeistert (»Der Icke hat gespielt, als ob er schon hundert Länderspiele mitgemacht habe.«), mißfiel besonders, daß sich der Berliner von Trainer Daum in Köln auf die rechte Seite abschieben ließ – eine Rolle, die ihm auch Berti Vogts noch gelegentlich aufzwang, obwohl da längst klar war, daß Häßler im zentralen Mittelfeld am besten aufgehoben ist.

Erst nach der verkorksten WM 1994 in Amerika gab auch der Bundestrainer dem Weltstar die Freiheiten, die ihm Trainer Winfried Schäfer in Karlsruhe nach seiner Rückkehr aus Italien auf Anhieb gewährte.

Die Ellenbogen gebrauchen, das Spiel an sich reißen, Forderungen stellen

Von Trainer Winfried Schäfer in die Verantwortung gedrängt, führte Thomas Häßler den KSC zurück auf die internationale Bühne.

Thomas Häßler

Sie gehen gemeinsam durch dick und dünn: Thomas Häßler und seine Frau Angela, die er einst in Köln kennenlernte.

Rechte Seite: Mit Oliver Bierhoff, dem Siegschützen im Finale, freut sich Thomas Häßler über den Gewinn der Europameisterschaft 1996 in London.

»Häßler hat eine Eigenschaft, die nur ganz wenige Fußballprofis besitzen: Er hilft einem Mitspieler, wenn der in Not ist. Er denkt zu allerletzt an sich selbst.« (Mehmet Scholl)

oder aufmucken fällt Häßler allerdings auch im fortgeschrittenen Fußballeralter schwer. Das müssen andere für ihn besorgen – wie KSC-Trainer Schäfer, der Ärger mit dem Bundestrainer riskierte, weil Vogts entgegen einer Absprache, Schäfers wichtigsten Profi im Länderspiel gegen Polen 90 Minuten durchspielen lassen hatte.

Opfer einer Intrige?

Nur einmal, nach dem 1:1-Länderspiel gegen Wales Ende April 1995, wehrte er sich. »Ich habe gebrüllt, mich angeboten, aber niemand hat auf mich gehört«, verteidigte er sich gegen den Vorwurf, er habe den Ball nicht genügend gefordert. Damals wurde der Verdacht laut, die Mannschaftskollegen hätten absichtlich an Häßler vorbeigespielt, weil sie ihn als Spielgestalter nicht akzeptieren wollten. Doch bis zur EM 1996 erwarb er sich durch erstklassige Auftritte endgültig die Anerkennung der Kollegen, wenn er auch wie erwähnt in diesem Turnier unter seinem Limit blieb.

Noch nie vom Platz gestellt

Konfrontationen geht Häßler in der Regel lieber aus dem Weg – auch auf dem Spielfeld. Holt ihn ein Abwehrspieler von den Beinen, schaut er meist mit großen Augen zum Schiedsrichter oder schüttelt wortlos den Kopf.
Sein Spiel ist weitgehend aggressionsfrei und auch in hitziger Atmosphäre von Fairneß geprägt. Selbst in Italien, dem Land der unbegrenzten Fußball-Nickligkeiten, verlor der Berliner nie die Beherrschung. So kann es nicht überraschen, daß der friedfertige Spieler noch nie vom Platz gestellt wurde.
Das Publikum mag ihn. Schon jetzt ist Thomas Häßler ähnlich populär wie sein Freund Rudi Völler, mit dem er 1990 Weltmeister wurde und 1991/92 beim AS Rom die gegnerischen Abwehrreihen durcheinanderwirbelte.

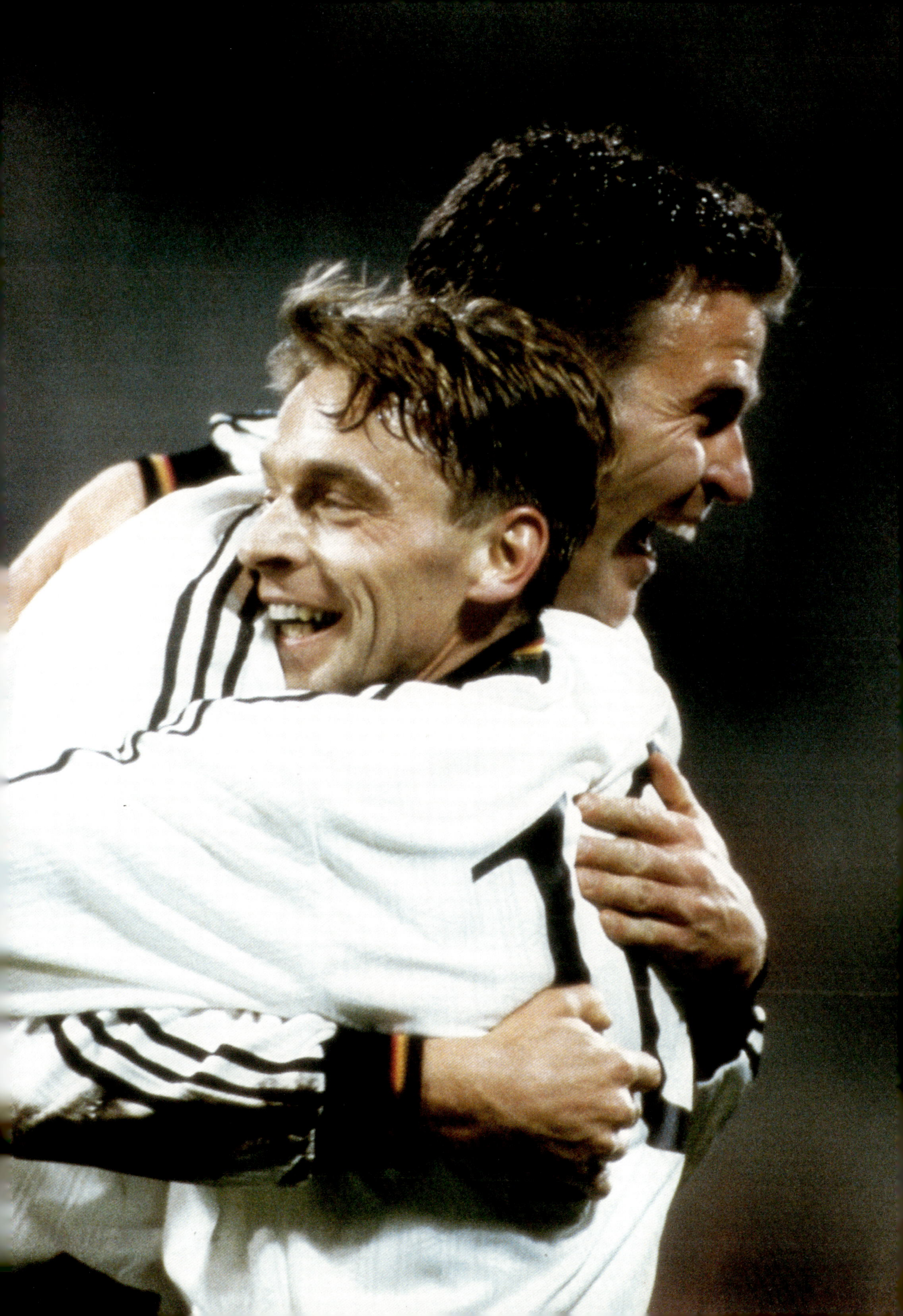

TOP 20

THOMAS HELMER

Taktiker, Diplomat und großer Kämpfer auf dem Rasen: Thomas Helmer, der hier Instruktionen von Bayern-Trainer Giovanni Trapattoni entgegennimmt.

Der Chefdenker der Bayerntroika

»In seiner aufreizend ruhigen Art wirkt er manchmal so, als wolle er auf dem Platz ein Nickerchen machen, dabei ist er hellwach und hochkonzentriert.«
(Max Merkel)

Die Fans liegen ihm nicht zu Füßen, und seine unspektakuläre Art Fußball zu spielen erinnert an die korrekte Arbeit eines Buchhalters. Dennoch sind alle froh, daß es ihn gibt: die Trainer, die Mitspieler, die Schiedsrichter, die er mit seinem Charme zu umgarnen versteht, und vor allem die Fernsehreporter, die seine Interviewbereitschaft und seine geschliffene Rhetorik zu schätzen wissen. Thomas Helmer hat früh begriffen, wie das Unterhaltungsgeschäft Bundesliga funktioniert. Geholfen haben ihm dabei seine Intelligenz und seine ausgeglichene Natur. Der »Spiegel« brachte die Findigkeit und Gewandtheit des Spielers auf den Punkt: »Ganz anders als Matthias Sammer, der bei jeder Wand, die er sieht, mit den Hufen scharrt und denkt ›Da muß ich durch‹ und dann dagegenrennt, schaut Helmer lieber nach, ob irgendwo eine Tür offen ist.«

Notendurchschnitt 1,8

Schon in der Schule wußte Helmer sein Köpfchen zu benutzen. Weil er nicht wollte, daß ihn die Mitschüler für einen Streber hielten, plazierte er sich in der letzten Reihe. Seine Abiturfächer wählte er nicht nach seinem Interesse, sondern nach den Lehrern aus. Was herauskam, war ein Abitur mit Notendurchschnitt 1,8.

Zu dieser Zeit stand er allerdings schon beim DSC Arminia Bielefeld unter Vertrag. Unterschrieben hatte er unter der Bedingung, daß er für die Schule jederzeit freigestellt werde. Wäre er als Profi gescheitert, hätte er sich für den Lehrer- oder den Journalistenberuf entschieden.

Fußball spielte der Schüler, der in Bayern-Bettwäsche schlief, vor allem zum Vergnügen. Bielefelds Trainer Gerd Roggensack war bei einem Spiel des SC Bad Salzuflen in der Landesliga auf Helmer aufmerksam geworden, drängte auf seine Verpflichtung und gab ihm in seiner Zweitligamannschaft gleich einen Stammplatz. Als Helmer dann Soldat wurde und für die Bundeswehr kickte, fiel er bei einem Qualifikationsspiel für die Militär-WM in Münster Trainer Reinhard Saftig vom BVB Borussia Dortmund auf. »Den kaufen wir«, sagte Saftig, und der Klub, der damals nicht auf Rosen gebettet war, zahlte 430 000 Mark als Ablöse an Bielefeld. Überzeugt davon, in der Bundesliga Fuß fassen zu können, paßte Helmer seinen Lebenswandel den gestiegenen Anforderungen an. Saftig setzte ihn in

Als Schüler war es sein Traum, einmal das Trikot des FC Bayern zu tragen. 1992 erfüllte sich für Thomas Helmer dieser Herzenswunsch.

Thomas Helmer

Rechte Seite: In Abwesenheit von Lothar Matthäus darf Thomas Helmer beim FC Bayern Kapitän und auch schon mal Libero spielen.

DAS PHANTOMTOR

Mit einem Phantomtor sorgte Thomas Helmer Ende der Saison 1993/94 bundesweit für Aufregung. Im Spiel gegen den 1. FC Nürnberg stocherte er, neben Nürnbergs Torhüter Andreas Köpke stehend, den Ball mit der Hacke am Pfosten vorbei ins Aus. Schiedsrichter Hans-Jörg Osmers gab irrtümlich Tor für die Münchner, und Helmer beteuerte, daß der Unparteiische korrekt entschieden habe. Das Fernsehen bewies jedoch das Gegenteil, und die Franken protestierten gegen den 2:1-Sieg des FC Bayern. Das Wiederholungsspiel verloren sie dann mit 0:5 und stiegen ab. Die Münchner aber wurden mit einem Punkt Vorsprung vor dem 1. FC Kaiserslautern zum 13. Mal Deutscher Meister.

1990 in Stockholm durfte er Jürgen Kohler als Innenverteidiger vertreten. Libero spielte zu dieser Zeit, nach dem Abschied von Weltmeister Klaus Augenthaler, Manfred Binz. Helmers Hoffnung, mittelfristig der Nachfolger des Frankfurters zu werden, erfüllte sich nicht. Andere wurden ihm vorgezogen: Olaf Thon, Guido Buchwald und dann auf Dauer Lothar Matthäus und Matthias Sammer.

In Dortmund durfte er als Abwehrchef agieren. Und weil ihm Bayern-Trainer Erich Ribbeck die Wunschposition des Libero auch in München versprach, wechselte Helmer frohgemut die Vereinsfarben. Doch auch beim FC Bayern mußte Helmer erkennen, daß gegen die normative Kraft des Faktischen wenig auszurichten war. Olaf Thon verteidigte sein Terrain und nach Ribbecks Entlassung erhielt der Italien-Rückkehrer Lothar Matthäus den Zuschlag.

Libero auf Zeit

Vielleicht lag es auch an der Spielweise Helmers, daß er nicht als Libero zum Zuge kam. Er suche eher den sicheren Querpaß als die steile Vorlage, habe etwas von jener schläfrigen Arroganz, wie seinerzeit Franz Beckenbauer, ohne jedoch dessen Eleganz zu besitzen. Außerdem grätsche er nicht wie ein Terrier in die Beine der Gegner, wurde ihm vorgeworfen.

Erst als Lothar Matthäus mit einem Achillessehnenriß langfristig ausfiel, sollte endlich die Stunde des Libero Thomas Helmer schlagen – wenn auch nur auf Zeit. Aber in diesen Monaten festigte sich Helmers Position in

allen 34 Pflichtspielen der Eliteklasse ein – allerdings im defensiven Mittelfeld. Die Liberoposition war derzeit fest in den Händen von Frank Pagelsdorf, der sich später auch als Trainer von Hansa Rostock einen Namen machen sollte.

Debüt in Stockholm

Im August 1989 erhielt Helmer eine erste Einladung von DFB-Teamchef Franz Beckenbauer. Auf sein Länderspieldebüt mußte der Ostwestfale jedoch warten, bis Berti Vogts das Sagen hatte. Beim 3:1-Spiel im Oktober

KARRIERE-HIGHLIGHTS

Als 21jähriger 1986 nach Dortmund gekommen, sicherte sich Thomas Helmer sofort einen Stammplatz in der Mannschaft der Gelb-Schwarzen, bestritt alle 34 Bundesligaspiele in der Saison 1986/87 und hatte großen Anteil daran, daß die Borussia aus dem Tief der vorangegangenen Jahre herausfand und einen sensationellen vierten Platz belegte. Im **UEFA-Pokal** schaltete sie Celtic Glasgow und Velez Mostar aus und erreichte das Achtelfinale, in dem der FC Brügge (3:0, 0:5 n. Verl.) Endstation war.

Als die Westfalen drei Jahre später erneut Bundesligavierter wurden und im UEFA-Pokal wiederum unter die letzten 16 kamen (0:1 und 2:1 gegen den RSC Anderlecht), war Helmer inzwischen zum souveränen Libero aufgestiegen. Vorher hatte er mit Michael Zorc im defensiven Mittelfeld gespielt. Im Finale um den **DFB-Pokal** 1989 vollbrachte Helmer eine starke Leistung als Innenverteidiger. Die Mannschaft De Beer; Kroth; Helmer, Kutowski; Breitzke (72. Lusch), Zorc, McLeod, Andreas Möller, Michael Rummenigge; Dickel (77. Storck) und Mill besiegte Werder Bremen mit 4:1.

Vor seinem Wechsel nach München schrammte Helmer mit der Borussia ganz knapp an der Deutschen Meisterschaft vorbei: Am letzten Spieltag der Saison 1991/92 schnappte der VfB Stuttgart den punktgleichen Dortmundern den Titel weg: Die Schwaben siegten in Leverkusen 2:1, die Westfalen in Duisburg nur 1:0. Seine erste **Meisterschaft** gewann Helmer 1994 mit dem FC Bayern. An diesem Triumph waren beteiligt: Aumann (Gospodarek); Matthäus; Helmer, Kreuzer; Jorginho (Wouters, Thon, Münch); Schupp, Scholl, Nerlinger, Ziege (Zickler, Dieter Hamann, Frey); Valencia, Labbadia (Witeczek, Mazinho, Cerny, Sternkopf).

Zwei Jahre später hielt Helmer den **UEFA-Pokal** in seinen Händen. In Bordeaux siegte die Mannschaft Kahn; Matthäus; Helmer, Babbel; Frey (60. Zickler), Strunz, Sforza, Scholl, Ziege; Kostadinov (75. Witeczek) im zweiten Finalspiel mit 3:1. Im Hinspiel hatte es 2:0 für die Bayern geheißen.

In der Nationalmannschaft zahlte es sich für Helmer aus, daß der Frankfurter Manfred Binz bei der **EM in Schweden** 1992 als Libero große Schwächen zeigte. So rückte der Westfale in der Halbzeit des Holland-Spiels (1:3) ins Team und war bis zum Finale gegen Dänemark (0:2) ein zuverlässiger Abwehrchef. Bei der **WM in den USA** 1994 bekam er im dritten Gruppenspiel gegen Südkorea seine erste Chance: Helmer löste in der 75. Minute Effenberg im Mittelfeld ab und spielte dann bis zum Aus im Viertelfinale als Innenverteidiger. Beim 3:2-Sieg im Achtelfinale gegen Belgien – das ergab eine Computer-Analyse – war er der zweikampfstärkste deutsche Spieler. Von 23 Duellen gewann er 17.

1996 wurde Helmer **Europameister**. Er bestritt in England alle sechs Spiele und war in zwei Vorrundenspielen Deutschlands »Zweikampfkönig«, beim 2:0 gegen Tschechien und beim 0:0 gegen Italien. Im Halbfinale gegen England teilte er sich diesen Rang mit Matthias Sammer.

Thomas Helmer

Ein großer Tag im Leben des Fußballprofis Thomas Helmer: als Bayern-Spieler 1994 mit der Meisterschale.

Rechte Seite: Der Meisterschaft ließ Thomas Helmer zwei Jahre später mit Bayern München den UEFA-Pokalsieg folgen.

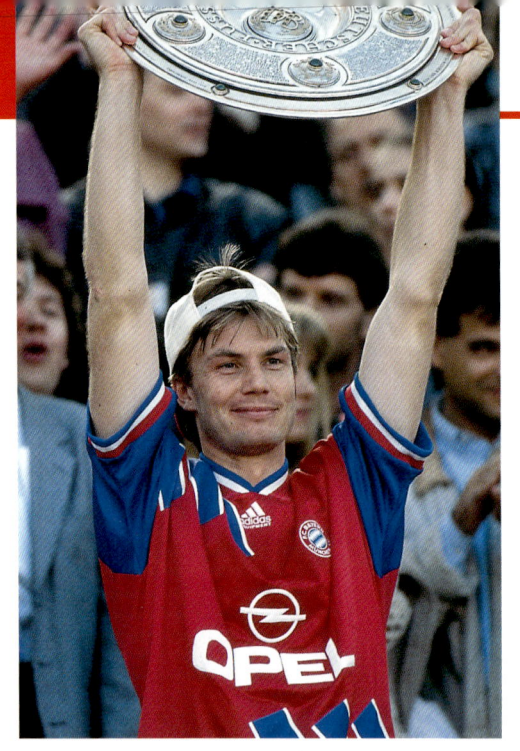

DATEN UND FAKTEN

Geboren am 21. April 1965
Geburtsort: Herford

Klubs: SC Bad Salzuflen (bis 1984), DSC Arminia Bielefeld (1984 – 1986), Borussia Dortmund (1986 – 1992), Bayern München (seit 1992)

Mit Borussia Dortmund DFB-Pokalsieger 1989, mit Bayern München Deutscher Meister 1994 und UEFA-Pokalsieger 1996
55 Länderspiele (2 Tore)
EM-Teilnehmer 1992
Europameister 1996
WM-Teilnehmer 1994

»Die Beine des Gegners traktieren ist nicht mein Stil.«

der Mannschaft, und er gewann Selbstvertrauen: Nach einem Sieg in der Champions League in Göteborg forderte der von Beckenbauer oft gepiesackte Spieler beim Bankett vom Präsidium Solidarität für alle Spieler und bekam dafür viel Beifall.

Ein Musterprofi

Im Sommer 1996 titelte »Sport-Bild«: »Wer regiert denn nun die Mannschaft?« und kam zu der Erkenntnis, daß beim FC Bayern eine Troika das Sagen habe, in der Helmer zwischen den Platzhirschen Lothar Matthäus und Jürgen Klinsmann die Rolle des diplomatischen Vermittlers einnehme. Insider sehen in ihm den Chefdenker. Ist so einer nun eine Vorzeigefigur des deutschen Fußballs? – Für den »Spiegel« nicht: »Es gibt nicht wenige, die ihn für einen kalten Abzocker und geldgeilen Machtmenschen halten, der im Verborgenen die Kulissen verschiebt. Ein Meister der Intrige soll er sein, ein Könner des Manipulierens, der Protoyp des modernen, kühlen, emotionslosen Profis: Blaß, abgekocht und clever.«

Fest steht, daß Helmer nicht der weinerliche Typ ist, für den ihn viele halten, und daß er mit seinem Auftreten auf dem Rasen und in der Öffentlichkeit mehr positive als negative Schlagzeilen provoziert. Einen schlagenden Beweis für hoch entwickelten Teamgeist und Härte gegen sich selbst lieferte er zuletzt bei der EM in England: Trotz diverser Verletzungen und großer Schmerzen – einen Tag vor dem Finale bekam er acht Spritzen in Rücken und Knie – hielt er bis zum Schluß durch. Thomas Helmer ist wohl doch ein Musterprofi.

FAULER TRICK

1992 versuchten der FC Bayern und Thomas Helmer Borussia Dortmund zu überlisten. Helmers Vertrag beinhaltete die Klausel, daß er für drei Millionen Mark Ablöse vor Ablauf der Vertragszeit (1994) ins Ausland wechseln könne, deshalb wollten die Münchner den Westfalen einige Monate beim französischen Klub AJ Auxerre »parken« und dann übernehmen. Der DFB durchschaute die »Transferposse« (»Süddeutsche Zeitung«) und rief den FC Bayern zur Räson. Statt drei Millionen Mark aus Frankreich erhielt Dortmund nun auf direktem Weg acht Millionen Mark aus der Vereinskasse der Münchner.

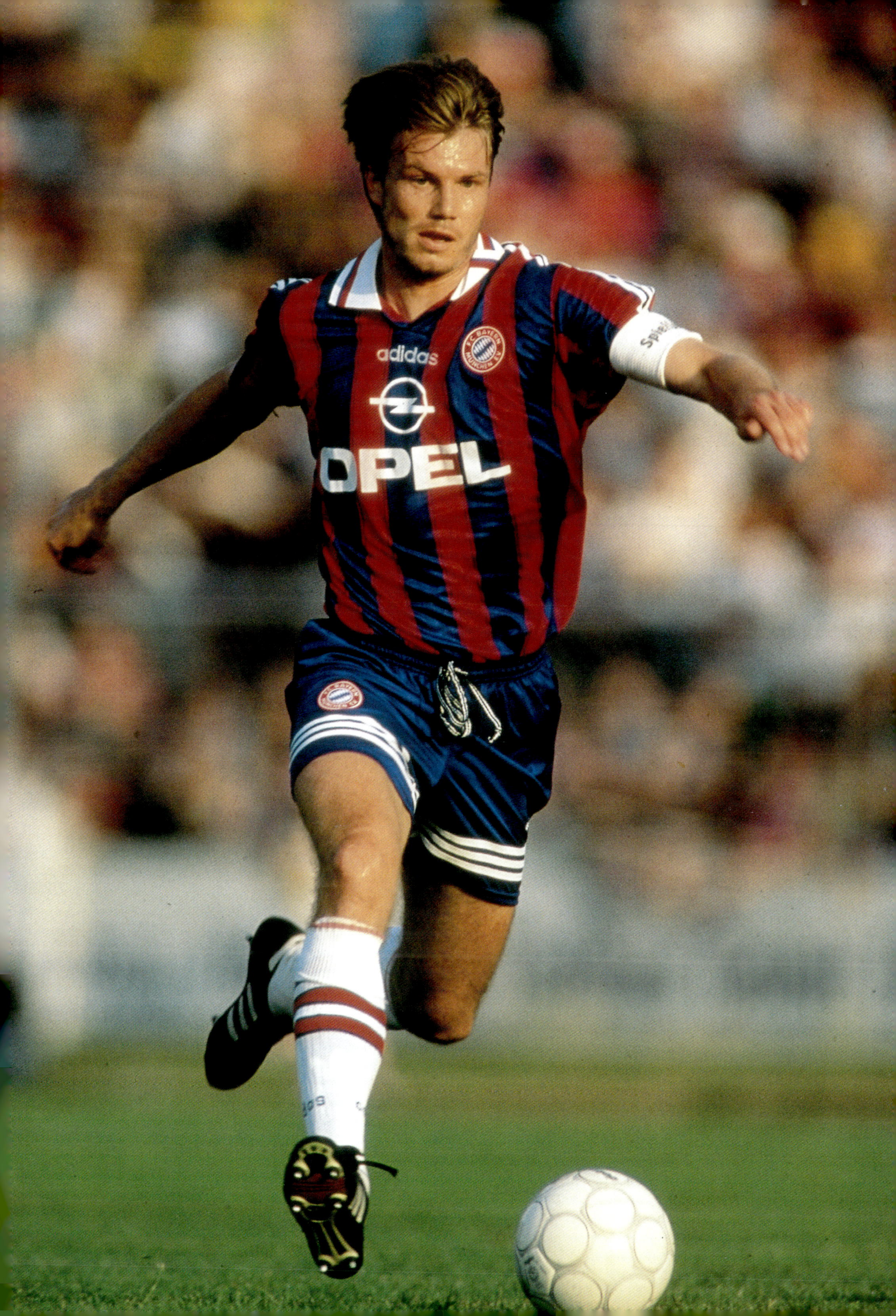
adidas
OPEL

TOP 20 ANDREAS HERZOG

In Bremen gewann Andreas Herzog die Spielfreude zurück, die ihm beim FC Bayern in der Saison 1995/96 verlorengegangen war.

Grandioses Comeback an der Weser

»Von Typen wie mir erwartet man immer, daß wir pro Spiel fünf geniale Sachen machen, die dann auch noch zu Toren führen.«

Die Fans im Stadion feierten ihn noch, als er schon unter der Dusche stand. An diesem Tag war sich Andreas Herzog endgültig sicher, daß er mit seiner Rückkehr aus München die richtige Entscheidung getroffen hatte. Der Wiener präsentierte sich gegen den FC Bayern als König des Weserstadions, als Spieler der Extraklasse, wie er es auch vor seinem Wechsel an die Isar in Bremen und in der österreichischen Nationalmannschaft immer gewesen war. Er verließ den Platz nicht, ohne zum 3:0-Sieg der Bremer zwei Tore beigetragen zu haben.

Mobbing und Intrigen

1995 verließ Herzog Bremen in der Überzeugung, für seine Karriere den richtigen Schritt zu tun, zumal Trainer Otto Rehhagel den gleichen Weg wählte. Doch schon recht bald geriet der sensible Spieler (Österreichs Nationaltrainer Herbert Prohaska: »Ein guter Fußballer, aber auch ein Trau-mich-nicht und psychisch zerbrechlich.«) zwischen die Mühlsteine eines gnadenlosen Verdrängungswettbewerbs, in dem Mobbing und Intrigen zum Alltag gehörten. »Innerhalb von knapp vier Monaten«, so bilanzierte das »kicker-Sportmagazin« im Dezember 1995, »mutierte der österreichische Nationalspieler vom selbstbewußten und torgefährlichen Spielmacher internationalen Formats zum selbstzweifelnden Bankdrücker.«

Beckenbauers Affront

Andreas Herzog verkam nach eigenen Worten zum »Clown und Suppenkasperl«. Beim Spiel der Bayern im Weserstadion im Mai 1996 durfte er sich gar nicht erst umziehen. Franz Beckenbauer, der für den kurzfristig entlassenen Rehhagel eingesprungen war, verbannte ihn auf die Tribüne. Für den sensiblen Österreicher ein Schlüsselerlebnis und letztlich der Tropfen, der das Faß zum Überlaufen brachte: »Ich wollte verhindern, daß ich meinen Stolz verliere, darum mußte ich gehen.«

Ohnehin wurde bald gemunkelt, daß Herzog nur gekauft worden sei, um die Millionen aus der Champions League vor dem Finanzamt in Sicherheit zu bringen und die Konkurrenz zu schwächen. Und tatsächlich stand Mehmet Scholls Position im offensiven Mittelfeld niemals ernsthaft zur Debatte.

DATEN UND FAKTEN

Geboren am 10. September 1968
Geburtsort: Wien

Klubs:
Admira/Wacker Wien (1973 – 1983), Rapid Wien (1983 – 1987), Vienna Wien (1987 – 1988), Rapid Wien (1988 – 1992), Werder Bremen (1993 – 1995), Bayern München (1995 – 1996),
Werder Bremen (seit 1996)

Mit Rapid Wien Landesmeister 1987 und Pokalsieger 1987,
mit Werder Bremen Deutscher Meister 1993 und DFB-Pokalsieger 1994
53 Länderspiele (12 Tore)
WM-Teilnehmer 1990

Die Rückkehr an die Weser war Herzog ein finanzielles Opfer wert. Mit 1,2 Millionen Mark im Jahr kassierte er rund 600 000 Mark weniger als in München, aber dafür bekam der harmoniebedürftige Wiener die entbehrte Nestwärme und den Einfluß auf das Spiel zurück. Werder-Trainer Hans-Jürgen Dörner, ein Liebhaber des offensiven Fußballs, räumte Herzog die Freiheit ein, die er für sein kreatives Spiel braucht, und die Mannschaft gab ihm das Gefühl, froh zu sein, daß er wieder da war.

Ein kompletter Fußballer

Mit Ehrgeiz und Erfolg kämpfte Herzog gegen das alte Vorurteil, ein »Schönwetter-Genius« (»Frankfurter Allgemeine Zeitung«) zu sein. Und bemühte sich eifrig, den Rehhagel-Kommentar »Zuviel Mozart, zu wenig

Beim FC Bayern wurde Andreas Herzog nicht glücklich. Für Österreichs Trainer Herbert Prohaska geriet er bei den Münchnern »zwischen die Mühlsteine eines gnadenlosen Verdrängungswettbewerbs«.

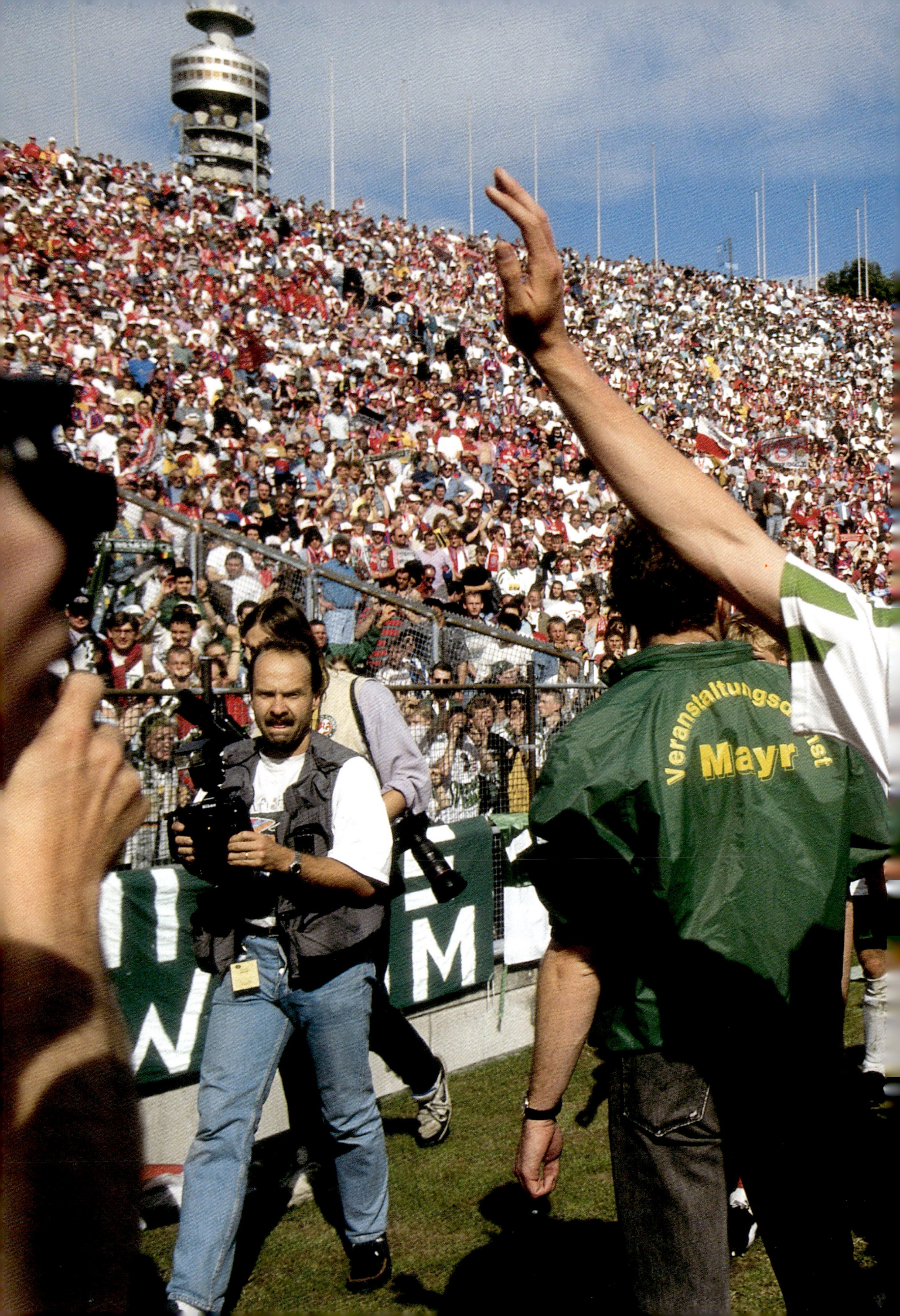
Veranstaltungsdienst
Mayr

Mit dem Titelgewinn wollten sich Otto Rehagel und Andreas Herzog 1995 von Bremen verabschieden, doch die 1:3-Niederlage beim FC Bayern verhinderte das.

Andreas Herzog

KARRIERE-HIGHLIGHTS

Als »Talent des Jahrzehnts« gefeiert, war es nur eine Frage der Zeit, wann die reichen Auslandsklubs den Wiener Jungstar zu sich holen würden. In der österreichischen Staatsliga feierte er mit Rapid Wien große Triumphe. 1987 gelang dem Vorzeigeklub das Double, d.h. er gewann Meisterschaft und Pokal in einer Saison. Herzog setzte sich auch in der Nationalmannschaft durch und gehörte 1990 zur ersten Garnitur für die **WM in Italien**. Dort wurde er in allen drei Gruppenspielen eingesetzt. Danach mußte Österreich die Heimfahrt antreten. 1992 von vielen – auch italienischen Klubs – umworben, entschied sich Andreas Herzog für Werder Bremen; ein Entschluß, den er nicht bereuen sollte. Mit Werder wurde er im Premierenjahr 1993 **Deutscher Meister** und hinter Torjäger Wynton Rufer aus Neuseeland (17 Treffer) mit zehn Toren zweitbester Schütze des Klubs. Diese Quote erreichte der Profi auch in seinem dritten Bremer Jahr, in dem Werder am letzten Spieltag (1:3 bei Bayern München) die Meisterschaft verspielte. 1994 wurde er mit Werder schließlich auch **DFB-Pokalsieger** und reihte sich beim 3:1-Sieg über den Zweitligaclub Rot-Weiß Essen in die Liste der Torschützen ein.

> »Seine Klasse ist außergewöhnlich. Er könnte ein Großer des europäischen Fußballs werden, wenn er von Verletzungen verschont bleibt.«
> (Hans Krankl)

Wagner« zu entkräften. Ganz konnte und wollte er freilich nicht auf »Mozart« verzichten, das war er seinem Ruf als »Alpen-Maradona« und wohl auch dem Bremer Publikum schuldig, das in seiner Abwesenheit mit Kabinettstückchen nicht gerade verwöhnt worden war.

Schon bevor er das Abenteuer Bundesliga wagte, hatte es Lob aus berufenem Munde gegeben. Johan Cruyff nannte Herzog zu Rapid-Zeiten einen »kompletten Fußballer«, und dem wortkargen Ernst Happel war das Kompliment zu entlocken: »Ein Typ, der es sowohl in den Füßen als auch im Kopf hat.«

Sein außergewöhnliches Talent war schon im Knabenalter erkennbar. Andi gewann mit Admira/Wacker und später mit Rapid nahezu alle nationalen Titel von der U 12 an aufwärts.

Meister im Einstandsjahr

Im Mai 1992 holte Otto Rehhagel den Wiener, der zu dieser Zeit schon einen Stammplatz in der Nationalmannschaft hatte, an die Weser. Drei Millionen Mark mußte Werder an Rapid zahlen – eine Summe, die den bisherigen Ausgaberahmen sprengte, sich indes aber als gute Investition erweisen sollte: Herzog erzielte zehn Tore und dirigierte Werder 1993 zur Meisterschaft.

Im zweiten Bremer Jahr strahlte sein Stern weniger hell, was Rehhagel mitzuverantworten hatte. Der Trainer mißbrauchte den Ball- und Schußkünstler notgedrungen als zweite Spitze – eine Rolle, die dem kräftig gebauten Herzog leider gar nicht lag.

Im dritten Jahr durfte er dann das Spiel wieder gestalten und Mitstürmen als Sekundärpflicht betrachten. Mario Basler und er bildeten ein kongeniales Mittelfeldgespann, um das die ganze Bundesliga Bremen beneidete. Basler erzielte zwanzig, Herzog zehn Tore. Erst auf der Ziellinie der Saison platzte für Herzog der Traum vom zweiten Titel mit Bremen: In München verloren die Norddeutschen gegen Bayern mit 1:3.

Anschließend wechselte der Wiener für 5,6 Millionen Mark Ablöse die Seiten. Für das gleiche Geld bekam ihn Werder zurück – ein Glück für den Spieler, aber auch für die Bremer.

OLIVER KAHN

TOP 20

Ein Könner, der zum Kumpel nicht taugt

Für den Applaus des Publikums, den Lohn für großartige Leistungen, bedankt sich Oliver Kahn, die Nummer eins der Bundesliga, auf seine Weise.

Auf dem Spielfeld ist er seinem einstigen Vorbild Toni Schumacher ziemlich ähnlich: Unbedingt erfolgsorientiert und fanatisch. Wer seinen hohen Ansprüchen nicht genügt, den straft er mit Verachtung oder sarkastischen Kommentaren. Doch während bei Schumacher auch nach enttäuschenden Spielen der rheinische Frohsinn recht bald wieder die Oberhand gewann, schlagen Oliver Kahn die legere Berufseinstellung seiner Mitspieler oder einfältige Reporterfragen dauerhafter auf das Gemüt, und häufig entlädt sich der Groll seiner angestauten Gefühle auf eine recht bärbeißige Art.

▶ Ablehnung als Motivation

Es stimmt, daß Kahn auf Popularität wenig Wert legt. »Der allseits Beliebte will ich gar nicht sein«, beteuert der muskulöse Torhüter und bekennt, daß er aus der Ablehnung seiner Person letztlich sogar seine Motivation beziehe. Mit deftigen Sprüchen setzte er sich zudem vorübergehend dem Verdacht aus, ein Unruhestifter zu sein. Berufskollegen und Trainer provozierte er mit dem vielzitierten Satz: »Wo ich bin, spiele ich – fertig. Wenn nicht, gibt es Zoff, Ärger, Power und Kampf ohne Ende.«

Sogar bei Berti Vogts drohte er nach der WM 1994 in Amerika mit Rebellion. Kahn, frustriert über seine Statistenrolle in der Nationalmannschaft: »Ich will eine Chance. Die Zeiten sind vorbei, daß ich alles akzeptiere.« Doch er schoß nicht über das Ziel hinaus. Der Abiturient, der an der Fernuniversität Hagen ein Betriebswirtschaftsstudium begann und es schließlich zugunsten seiner Profikarriere zurück-

»Ich habe selten einen besseren Profi erlebt als Oliver Kahn. Er bringt immer 100 Prozent und lebt auch danach.« (Uli Hoeneß)

67

Oliver Kahn

»Mittelmaß ist tödlich für mich.«

KARRIERE-HIGHLIGHTS

Mit Oliver Kahn im Tor brachen für die Bundesligamannschaft des KSC bessere Zeiten an. Zunächst sicherte der Selfmademan, dem es nicht vergönnt war, in der DFB-Jugendauswahl zu spielen, den Badenern 1991 den Klassenerhalt. Und in der Saison 1991/92 erreichte der KSC nach vielen Jahren wieder einen einstelligen Bundesligaplatz und ein positives Punktverhältnis (41:35). Die Liga war damals vorübergehend auf 20 Klubs aufgestockt worden. 1993 gelang den Karlsruhern dank ihres athletischen Torwarts die **Teilnahme am UEFA-Pokal**, in dem die Mannschaft von Trainer Winfried Schäfer erst im Halbfinale von Austria Salzburg gestoppt wurde. Den sensationellen 7:0-Sieg gegen den FC Valencia im Wildparkstadion machte vor allem Oliver Kahn mit seinen glanzvollen Rettungsaktionen gegen Gomez Fernando, Juan Antonio Pizzi und Cervera Alvaro möglich. Auch beim FC Bayern glänzte Kahn. Seine Extraklasse unterstrich er vor allem in der Saison 1995/96, in der die Münchner den **UEFA-Pokal** gewannen. Sonderbeifall verdiente er sich in Barcelona, wo dem Starensemble von der Isar im Halbfinale vor 115000 Zuschauern im ausverkauften Stadion Nou Camp ein 2:1-Sieg gegen das Team von Johan Cruyff gelang. Neben Mehmet Scholl war Kahn für viele der internationalen Beobachter der beste Spieler. Von einer Kreuzbandoperation gerade genesen, durfte er im Juni 1995 seinen Einstand als Nationalspieler geben und gleich einen Sieg feiern: Deutschland gewann in Bern gegen die Schweiz 2:1. Zur **WM in den USA 1994** nahm ihn Bundestrainer Berti Vogts als dritten Torhüter mit, 1996 bei der **EM in England** war er hinter Andreas Köpke die Nummer zwei.

Stürmer bringt er schier zur Verzweiflung: Hier scheitert der Brasilianer Giovane Elber an Oliver Kahn.

stellte, wußte seine Macht und seine Möglichkeiten richtig einzuschätzen und nahm es hin, daß er trotz überragender Leistungen auch bei der EM in England nur zweite Wahl war.

Dabei spielte auch ein Ereignis im November 1994 eine Rolle: Im Bundesligaspiel des FC Bayern gegen Bayer Leverkusen (2:1) erlitt er bei einem Zusammenstoß mit seinem Klubkollegen Markus Babbel einen Kreuzbandriß. Der Unfall dämpfte sein oft überschäumendes Temperament und ließ ihn nach eigenem Bekunden ruhiger, geduldiger und gelassener werden.

Drei harte Jahre

Doch noch einmal zurück zur Zeit der WM. Sein damaliges Aufbegehren hatte folgenden Hintergrund: Monate vor dem Turnier war Kahn aus einer Repräsentativbefragung nach dem besten deutschen Torhüter als souveräner Sieger hervorgegangen. 60 Prozent stimmten für Kahn, 23 Prozent für Köpke und nur 17 Prozent für Illgner, der dann den Vorzug erhielt.

Kahn mußte lernen, daß weder Voten dieser Art, noch die Fürsprache seines Trainers Winfried Schäfer, ja nicht einmal der Wechsel zum Branchenführer FC Bayern München seinen Stellenwert beim Bundestrainer sonderlich verbessern konnten.

DREIMAL KAHN

Oliver Kahn, dessen Elternhaus nur einen Kilometer vom Karlsruher Wildparkstadion entfernt liegt, ist der Sproß einer Fußballerfamilie. Vater Rolf, Jahrgang '43, gehörte beim KSC zu den Bundesligaspielern der ersten Stunde. Als Abwehrspieler bestritt er zwischen 1963 und 1965 elf Spiele und erzielte ein Tor. Olivers älterer Bruder Axel war zu Zweitligazeiten vorübergehend für den KSC tätig.

Nach überwundenem Kreuzbandriß im November 1994 erreichte Oliver Kahn einen Leistungsstandard, um den ihn die Konkurrenz beneidet.

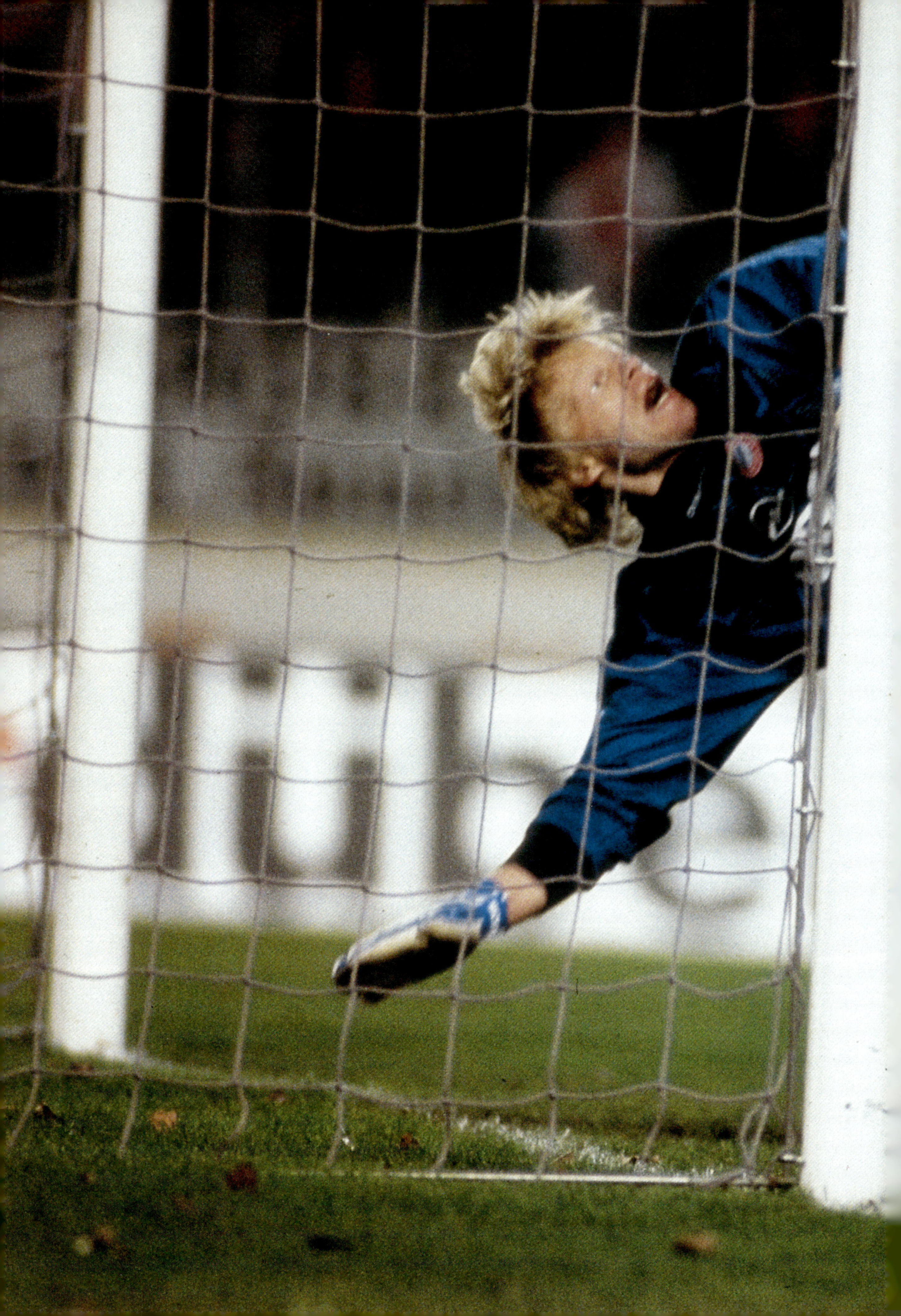

Scheinbar schwerelos fliegt Oliver Kahn durch den Strafraum.

Oliver Kahn

> »Der Olli gehört zu den wenigen Torhütern, die Flanken nicht fausten. Er fischt sie aus der Luft, selbst wenn er angesprungen wird.« (Winfried Schäfer)

In der Bundesliga aber gewann er von Jahr zu Jahr mehr Ansehen. Zweifel daran, daß ihm der Sprung an die Spitze gelingen werde, hatte es bei Oliver Kahn ohnehin nie gegeben. Nachdem er sämtliche Jugendmannschaften beim KSC durchlaufen hatte und in der A-Jugend von Rudi Wimmer, dem ehemaligen Torhüter-Idol des KSC, trainiert worden war, nahm ihn Winfried Schäfer 1987, ein Jahr vor dem Abitur, in den Bundesligakader auf. Hier mußte er seinen Ehrgeiz allerdings drei Jahre lang zügeln. Erst als Stammtorhüter Alexander Famulla im Herbst 1990 in eine Dauerkrise geriet, schlug die Stunde des großen Blonden.

Rekordpreis

1991 erhielt der Vertragsamateur seinen ersten Profivertrag. Drei Jahre lang stand er bei den Badenern auf der Gehaltsliste und im Tor, dann war er nicht mehr zu halten. Seine großartigen Fangkünste hatten lebhaftes Interesse beim FC Bayern München geweckt. Fünf Millionen Mark überwies Manager Uli Hoeneß nach Karlsruhe – ein Rekordpreis für einen deutschen Torhüter.

Mit Kahn, der Raimond Aumann beerbte, bekamen die Münchner einen Mann mit Charisma ins Tor, einen Könner, der zwar so gar nichts Kumpelhaftes an sich hat, jedoch für den Erfolg seiner Mannschaft unentbehrlich ist. Seinen Weg nach oben beschrieb die »Süddeutsche Zeitung« einmal mit folgendem prägnantem Vergleich: »Kahn hat sich im Leben alles erarbeitet, wie ein Bauunternehmer, der als Lehrling Bierkisten schleppen mußte und nun über einen mittelständischen Betrieb herrscht.«

DATEN UND FAKTEN

Geboren am 15. Juni 1969
Geburtsort: Karlsruhe

Klubs: Karlsruher SC (1976 – 1994), Bayern München (seit 1994)

Mit Karlsruhe Halbfinalist im UEFA-Pokal 1994, mit Bayern München UEFA-Pokal-Sieger 1996
6 Länderspiele
WM-Teilnehmer 1994
EM-Teilnehmer 1996
(in beiden Turnieren ohne Einsatz)

Fünf Millionen Mark Ablöse waren Bayern-Manager Uli Hoeneß die Fangkünste des Karlsruher Torhüters Oliver Kahn wert.

JÜRGEN KLINSMANN

TOP 20

Der Abräumer

Gleich mehrere Gründe machten es Jürgen Klinsmann 1989 leicht, Abschied von der Bundesliga und der geliebten schwäbischen Heimat zu nehmen. Erstens fühlte er sich geschmeichelt, von einem prominenten Klub wie Inter Mailand begehrt zu werden, zweitens reizte ihn das viele Geld, das der Klub für den treffsicheren Schützen auszugeben bereit war, und drittens war er immer daran interessiert, neue Menschen und eine neue Kultur kennenzulernen.

Als der gelernte Bäcker sein Ränzlein schnürte, war er ein erfolgsbesessener Jüngling, der sich nach verlorenen Spielen am liebsten in der Kabine eingeschlossen hätte. Als er nach einträglichen Jahren in Italien, Frankreich und England 1995 in die Bundesliga zurückkehrte, trug er zwar immer noch schwer an Niederlagen, doch vergoß er keine Tränen mehr und verkraftete Enttäuschungen leichter. Immer öfter zeigte er sein gewinnendes Lächeln und erfreute damit seine zahlreichen Fans, die, nähert sich der Bus des FC Bayern fremden Stadien, wie auf Knopfdruck weithin hörbar »Klinsi« skandieren.

Auch wenn es mal nicht läuft: In seinem Engagement und seiner Spielfreude läßt sich Jürgen Klinsmann von niemandem übertreffen.

Jürgen Klinsmann

»Jürgen hat keine Angst und geht überall da hin, wo es weh tut und wo keiner mit ihm rechnet.« (Gerd Müller)

KARRIERE-HIGHLIGHTS

Im Pantheon der großen Torjäger hat Jürgen Klinsmann schon jetzt seinen Platz sicher: drei Treffer steuerte er zum **WM-Titelgewinn 1990** in Italien bei. Vier Jahre später bei der **WM in den USA** traf er sogar fünfmal, obwohl das Team von Berti Vogts im Viertelfinale gegen Bulgarien (1:2) scheiterte. Mehr WM-Tore als Klinsmann gelangen in der deutschen Nationalmannschaft nur Gerd Müller (zehn 1970, vier 1974) und Uwe Seeler (zwei 1958, zwei 1962, zwei 1966 und drei 1970). Bei **drei Europameisterschaften** war der blonde Schwabe fünfmal erfolgreich, je einmal 1988 und 1992 und dreimal 1996, als Deutschland **Europameister** wurde. Dabei mußte er wegen einer Gelbsperre im ersten Spiel gegen Tschechien und wegen eines Muskelfaserrisses in der Wade (erlitten im Viertelfinale gegen Kroatien) im Halbfinale gegen England zuschauen.

Auch seine Quoten als Klubspieler können sich sehen lassen: 79 Tore in fünf Jahren Bundesliga beim VfB Stuttgart, 34 Treffer in drei Jahren bei Inter Mailand, 29 Tore in zwei Jahren bei AS Monaco und ebenso viele in einem Jahr bei Tottenham Hotspur.

In Mailand feierte er seinen größten Erfolg im Ausland. Die Mannschaft Zenga; Bergomi, Paganin (Giuseppe Baresi), Ferri; Bianchi, Battistini, Matthäus, Berti, Brehme; Serena, Pizzi, Klinsmann gewann **1991 den UEFA-Pokal** (in den Finals gegen AS Rom mit 2:0 und 0:1).

Seine Extraklasse als Torjäger unterstrich er auch nach seiner Rückkehr aus England gleich wieder. Mit dem FC Bayern wurde er in seinem ersten Bundesligajahr **1996 UEFA-Pokal-Sieger** und stellte dabei einen neuen **Europapokalrekord** auf: In zwölf Spielen gelangen ihm 15 Treffer, sechs allein in den Achtelfinalspielen gegen Benfica Lissabon (vier beim 4:1 in München, zwei beim 3:1 in Portugal). Bis dahin waren 14 Tore die Bestmarke gewesen, erzielt von José Altafini (AC Mailand) im Cup der Landesmeister 1962/63 in neun Spielen und John Wark (Ipswich Town) 1980/81 im UEFA-Pokal in zwölf Spielen.

In der Torschützenliste der Bundesliga belegte Klinsmann in der Saison 1995/96 zusammen mit Giovane Elber und Sean Dundee (alle 16) Platz zwei hinter Fredi Bobic (17). Englands Sportpresse wählte »Cleansman« 1995 zum **»Fußballer des Jahres«** – eine Ehre, die vor ihm 1956 nur dem ehemaligen deutschen Kriegsgefangenen Bernd Trautmann, Torhüter von Manchester City, zuteil geworden war. Deutschlands Sportjournalisten hoben den blonden Schwaben 1988 und 1994 auf den Thron. 1988 erhielt Klinsmann 70 Prozent aller Stimmen. Bei der Wahl zu »Europas Fußballer des Jahres« kam er 1995 mit 108 Punkten hinter dem Liberianer George Weah vom AC Mailand (144 Punkte) auf den zweiten Platz. Das »kicker-Sportmagazin« plazierte Jürgen Klinsmann im Sommer 1996 in einer Stürmer-Rangliste zum fünften Mal in Folge in der Kategorie »Weltklasse« – eine Anerkennung für seine besonderen Leistungen als Torjäger im Verein und in der Nationalmannschaft.

»Ich kenne ihn nur als vorbildlichen Sportsmann. Einer, der immer voll bei der Sache ist.« (Karl Allgöwer)

Bayern-Manager Uli Hoeneß, der den Stürmer auf Wunsch Otto Rehhagels und im Auftrag des Präsidenten Franz Beckenbauer von der Themse an die Isar lockte, registriert fröhlich die immense Popularität des »Meisters der inszenierten Bescheidenheit«, wie ihn das »kicker-Sportmagazin« taufte: Schon im Auftaktjahr wurden rund 100 000 Klinsmann-Trikots verkauft.

Seinen nahezu unangreifbaren Nimbus erwarb Klinsmann vor allem auf internationaler Bühne: In Italien, wo seine Tore Inter Mailand 1991 den UEFA-Pokal sichern halfen, in Monaco, wo seine Treffer zwei Jahre lang Prinz Rainier erfreuten, und in England, wo er mühelos in der Gunst der Fans und Kollegen ganz nach oben stieg. Keiner seiner Mitspieler bei den Tottenham Hotspur beneidete ihn, auch wenn sie nur einen Bruchteil seiner Gage – angeblich 55 000 Mark netto pro Woche! – erhielten. Als

SEINE SCHÖNSTEN TORE

Noch heute schwärmen Augenzeugen von dem Tor, das Jürgen Klinsmann im November 1987 für den VfB Stuttgart im Bundesligaspiel gegen Bayern München schoß: Mit dem Rücken zum Tor nahm er eine butterweiche Rechtsflanke von Verteidiger Günther Schäfer quer in der Luft liegend an und schmetterte den Ball am verdutzten Torhüter Jean-Marie Pfaff vorbei zum 1:0 ins Netz.
Bei der WM 1990 in Italien lenkte er im Achtelfinale gegen Holland eine Linksflanke von Guido Buchwald in vollem Lauf aus halblinker Position mit dem rechten Außenrist neben Torhüter van Breukelen zum 1:0 ins lange Eck.
Im Vorrundenspiel der EM 1996 in England gegen Rußland spurtete Klinsmann mit dem Ball am Fuß an Gegenspieler Nikiforow vorbei und schlenzte den Ball abschließend mit dem Außenrist des rechten Fußes spektakulär über Torhüter Charin hinweg ins Tor. »Fast so locker und leicht wie früher Beckenbauer«, schrieben die Kritiker entzückt.

Seine Tore bescherten Bayern München 1996 den UEFA-Pokal. Zudem stellte Jürgen Klinsmann mit 15 Treffern einen neuen Europapokalrekord auf.

Globetrotter

Unterwegs in Sachen Fußball: Jürgen Klinsmann im Trikot der Nationalmannschaft (rechts), als Profi bei AS Monaco (daneben) und als Spieler des VfB Stuttgart (rechts außen), den er 1989 Richtung Inter Mailand verließ (großes Bild). Die Saison 1994/95 verbrachte er bei Tottenham Hotspur (Fotos unten).

Jürgen Klinsmann

Jürgen Klinsmann

»Der coolste blonde Deutsche seit Marlene Dietrich.« (»The Observer«)

DATEN UND FAKTEN

Geboren am 30. Juli 1964
Geburtsort: Göppingen

Klubs: TB Gingen (1972 – 1975), SC Geislingen (1975 – 1980), Stuttgarter Kickers (1980 – 1984), VfB Stuttgart (1984 – 1989), Inter Mailand (1989 – 1992), AS Monaco (1992 – 1994), Tottenham Hotspur (1994 – 1995), FC Bayern München (seit 1995)

Mit Inter Mailand UEFA-Pokalsieger 1991, mit FC Bayern München 1996
94 Länderspiele (41 Tore)
Olympiadritter 1988
EM-Teilnehmer 1988, 1992
Europameister 1996
Weltmeister 1990
WM-Teilnehmer 1994
Fußballer des Jahres in Deutschland 1988, 1994
Fußballer des Jahres in England 1995
Torschützenkönig der Bundesliga 1988 (19 Tore)
Europapokal-Rekordtorschütze 1996 (15 Tore)

Klinsmann England nach einem Jahr wieder verließ, versuchten sie, ihn zum Dableiben zu bewegen, und die englischen Journalisten wählten den Abgänger zum »Fußballer des Jahres«.

Auf dem Weg zum Superstar

Geradezu zu sensationell verlief seine Laufbahn als Nationalspieler. Von Franz Beckenbauer 1987 nach seinem Debüt auf einer Südamerikatour sofort in den Rang eines Spitzenstürmers erhoben (»Klinsmann ist die Preisklasse von Rudi Völler und Klaus Allofs«), gab es für ihn kein Halten mehr. Bei der WM 1990 in Italien bildete er mit Völler das wohl beste Torjägergespann aller Turnierteilnehmer und war vier Jahre später sogar auf dem besten Wege, der Superstar der WM in Amerika zu werden: In fünf Spielen brachte er es auf fünf Treffer. Mehr verhinderte der Knockout der Vogts-Truppe im Viertelfinale gegen Bulgarien.

Beim Bundestrainer gewann er mit seinem engagierten Spiel weiter an Ansehen und Einfluß. Als Lothar Matthäus im Januar 1995 mit einem Achillessehnenriß für längere Zeit ausfiel, bestimmte er Klinsmann zum neuen Kapitän, obwohl nach Alter und Zahl der Länderspiele eigentlich Jürgen Kohler an der Reihe gewesen wäre. Für Torhüter Bodo Illgner, nach der WM in Amerika zurückgetreten, Grund zu der spitzen Frage, ob Klinsmann ein DFB-Chip eingebaut worden sei – wofür er sich später entschuldigte.

Querelen mit Matthäus

Die Wahl zum Kapitän und einige Vorkommnisse beim FC Bayern vergifteten das Verhältnis zwischen Klinsmann und Matthäus. Deutschlands Rekordnationalspieler verdächtigte den Klubkollegen, bei seiner Nichtnominierung für die EM 1996 seine Finger im Spiel gehabt zu haben. Franz Beckenbauer organisierte bei einem Benefizspiel in New York einen »Friedensakt« zwischen den beiden, doch das Feuer war damit nicht ausgetreten. Als der Torjäger, von Trainer Giovanni Trapattoni wiederholt wegen schwacher Leistungen vom Platz geholt, öffentlich mehr Offensivfußball forderte, schlug sich Bayern-Kapitän Matthäus spontan auf die Seite des Italieners. »Zuletzt ist immer die Mannschaft Meister geworden, die die wenigsten Gegentore

Gleich in seinem ersten Jahr beim FC Bayern erzielte Jürgen Klinsmann 16 Bundesligatore. Erfolgreicher war nur Fredi Bobic vom VfB Stuttgart mit 17 Treffern.

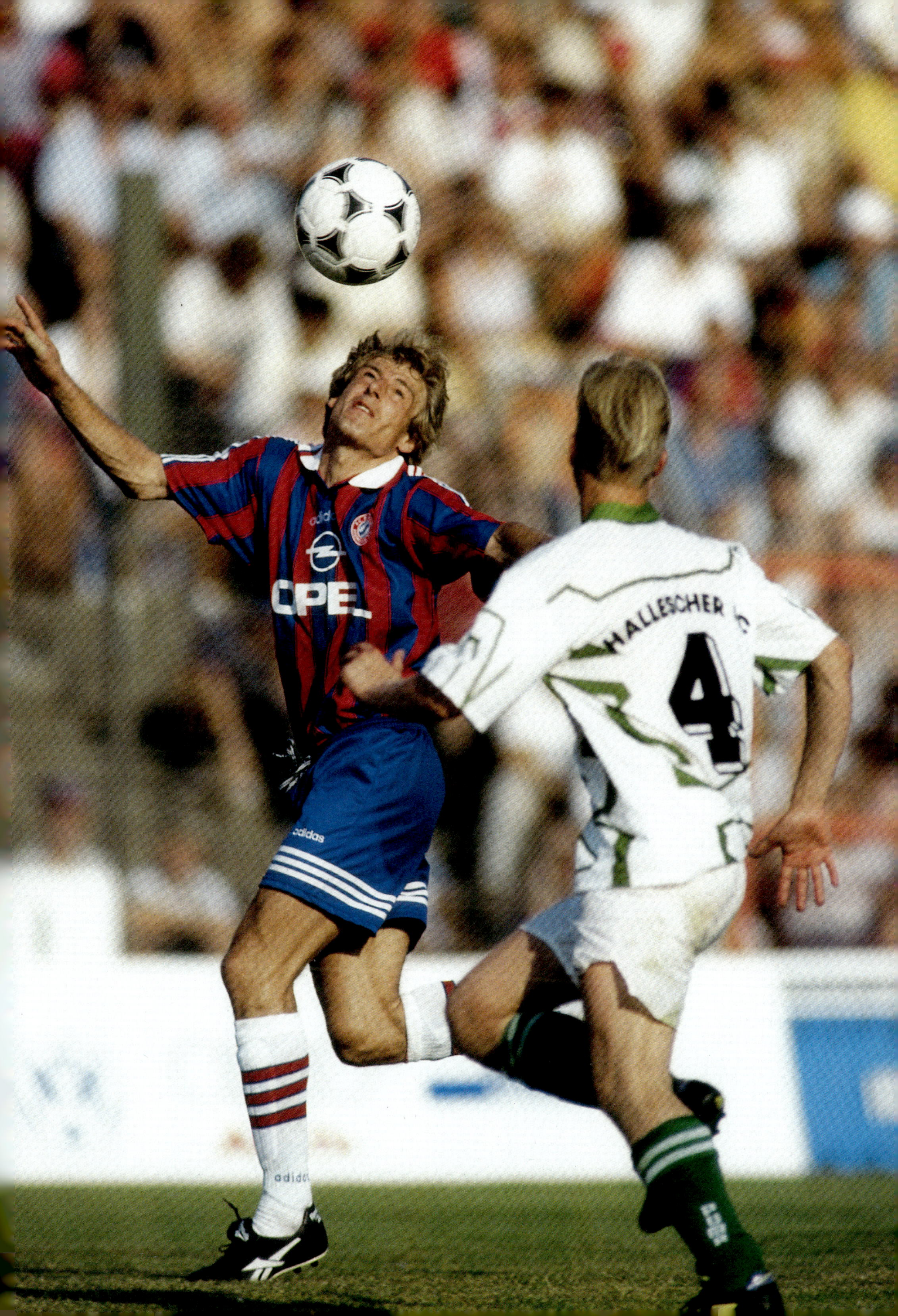
adidas
OPEL
HALLESCHER
4
adidas
adidas

Meist einen Tick schneller am Ball als der Gegner: Jürgen Klinsmann als Torschütze beim 4:2-Sieg des FC Bayern beim Lokalderby gegen 1860 München im März 1996.

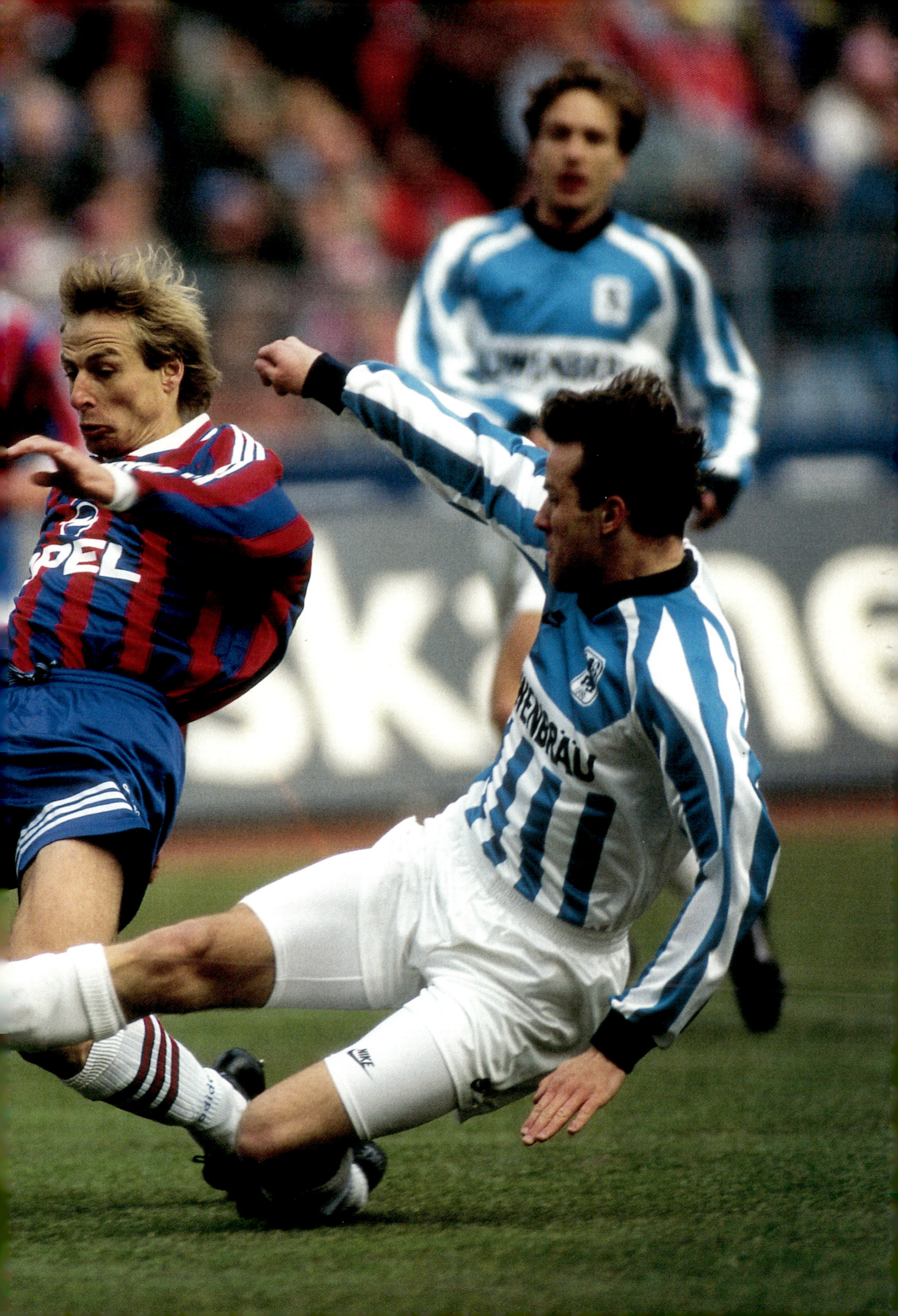

Jürgen Klinsmann

In Gesellschaft seiner attraktiven Frau Deborah erholt sich Jürgen Klinsmann von den Dauerquerelen beim FC Bayern.

Rechts: Ein Transparent, das die Verehrung für den Spieler und Menschen Jürgen Klinsmann dokumentiert.

erhalten hat«, verteidigte der Libero die Defensivtaktik des Trainers.

Klinsmann als Bösewicht

Viel anhaben konnten die Querelen und Formschwankungen dem Stürmer indes nicht: Auch wenn er nicht traf – und das passierte in der Saison 1996/97 recht oft –, blieb er für Berti Vogts und letztlich auch für Klubpräsident Franz Beckenbauer als Stürmer die Nummer eins – und in Fanartikelgeschäft des FC Bayern der souveräne Umsatz-König.

Freilich, seit der EM in England hat sein Ruf gelitten: Im Spiel gegen Kroatien ließ er sich zu einem deftigen Foul hinreißen. Und auch in der Bundesliga leistete er sich Ellbogenchecks und andere Grobheiten, die das Bild vom Vorzeigeprofi trübten.

Zurück auf die Insel?

Im Herbst 1996 wurde bekannt, daß Klinsmann zum Zeitpunkt der Entlassung von Trainer Rehhagel in seinem Vertrag die Klausel habe streichen lassen, nach der er bei einem Ausstieg 1997 zwei Millionen Mark kostet. Indiskretion und Vertrauensbruch warf der Spieler daraufhin den Bayern-Verantwortlichen vor, die sich mit dem Hinweis wehrten, daß die Nachricht in England publik geworden sei. »Sport-Bild« erfuhr, daß ein Spielervermittler mit Wissen Klinsmanns seinen Klienten bei Klubs wie den Blackburn Rovers und dem FC Everton ablösefrei angeboten habe. Das Wochenmagazin stellte unter dem Titel »Der Scheinheilige« die Frage: »Geht Klinsmann auch in München vorzeitig?« Daß der Stürmer mit dem immer noch guten Image in München Wurzeln schlagen wird, wie er es bei seinem Dienstantritt 1995 angedeutet hatte, glaubt in München inzwischen keiner mehr.

LOTHAR MATTHÄUS

TOP 20

Aufgeben ist für ihn ein Fremdwort

Gleich zweimal stand er sportlich vor dem endgültigen Aus. Nach einem Kreuzbandriß in Italien und nach einem Achillessehnenriß in Bielefeld bastelten voreilige Kritiker schon am Nachruf auf seine Karriere. Doch beide Male kämpfte der Franke Lothar Matthäus mit unbändiger Energie und extremer Willenskraft gegen das drohende Schicksal an und kehrte – beinahe ein kleines Wunder – auf den Gipfel seiner Leistungskraft zurück.
Auch die damit verbundenen Machtkämpfe und Enttäuschungen konnten Lothar Matthäus nicht aus der Bahn werfen oder ihn auf seinem Weg zum deutschen Rekordnationalspieler aufhalten.

▶ Die Jungstars beschämt

Als längst feststand, daß der Bundestrainer auf seine Dienste keinen Wert mehr legte und er für die EM in Eng-

> »Der Lothar besitzt einen Willen, der Berge versetzen kann.«
> (Franz Beckenbauer)

Lothar Matthäus

KARRIERE-HIGHLIGHTS

Mit Vollgas startete Lothar Matthäus, 18 Jahre jung, 1979 in die Bundesliga. Trainer Jupp Heynckes von Borussia Mönchengladbach erkannte seine Stärken im defensiven Mittelfeld und gab ihm sofort einen Stammplatz. In 28 Spielen erzielte Matthäus vier Tore. Acht Jahre später, bevor er von München zu Inter Mailand wechselte, erzielte er in 26 Einsätzen 17 Tore, nur Jürgen Klinsmann (19) und Karlheinz Riedle (18) lagen in der Bundesliga-Torjägerliste vor ihm.
Bei der **EM in Italien** 1980 machte er sein erstes Länderspiel: Gegen Holland (3:2) durfte Matthäus den verletzten Kapitän Bernard Dietz ersetzen.
Seine erste **WM, 1982** in Spanien, verdarb ihm Bundestrainer Jupp Derwall: Obwohl er im März des Jahres in Brasilien (0:1) und in Argentinien (1:1) mit Zico und Maradona zwei Weltstars neutralisiert und anschließend alle Vorbereitungsspiele bestritten hatte, mußte er dem Hamburger Felix Magath weichen. Matthäus kam nur zu zwei Kurzeinsätzen.
Zu seinem Glück übernahm 1984 Franz Beckenbauer die Nationalmannschaft. Bei der **WM 1986** konnte Matthäus beweisen, was in ihm steckte. So verhinderte er in Monterrey bei 40°C im Schatten im Viertelfinale gegen Marokko mit seinem Freistoßtor zum 1:0 zwei Minuten vor Ablauf der regulären Spielzeit eine Verlängerung gegen die hitzegewohnten Nordafrikaner.
Vier Jahre später wurde Lothar Matthäus, inzwischen zum Kapitän aufgestiegen, **Weltmeister** und anschließend mit Ehrungen überhäuft: In der traditionellen Umfrage der »Internationalen Sport-Korrespondenz« (isk) nach dem **»Weltsportler des Jahres«** ging er vor dem Tennisstar Stefan Edberg als Sieger hervor. Die Nationaltrainer wählten ihn zum **»Weltfußballer des Jahres«**, die Sportjournalisten zu **»Europas Fußballer des Jahres«** und zum **»Fußballer des Jahres«** in Deutschland. 1991 durfte er sich erneut mit dem Titel »Weltfußballer des Jahres« schmücken.
Im November 1993 löste er beim Länderspiel gegen Brasilien in Köln (2:1) Franz Beckenbauer (103 Länderspiele) als **deutschen Rekordnationalspieler** ab. Sein Ziel, den Länderspielweltrekord des schwedischen Torhüters Thomas Ravelli (126) zu brechen, verbaute ihm jedoch Beckenbauer-Nachfolger Berti Vogts, der den Franken nach seinem Achillessehnenriß im Januar 1995 nicht mehr ins Team berief und letzten Endes seinen Rücktritt provozierte.
Mit dem FC Bayern wurde Matthäus viermal **Deutscher Meister** (1985, 1986, 1987 und 1994), 1986 **DFB-Pokalsieger**, 1987 **Europapokalfinalist bei den Landesmeistern** (1:2 in Wien gegen den FC Porto) und 1996 **UEFA-Pokalsieger**. Mit Inter Mailand holte Lothar Matthäus 1989 die **Landesmeisterschaft** und 1991 den **UEFA-Pokal**.
26 Tore erzielte er in seinen 122 Länderspielen. In der Bundesliga hatte er es bereits zu Beginn der Saison 1996/97 – trotz vier Jahren Abwesenheit – auf für einen Mittelfeldspieler und Libero äußerst beachtliche 115 Treffer gebracht.

land nicht vorgesehen worden war, zeigte Matthäus im UEFA-Pokal, was einer wie er im beinahe schon biblischen Fußballalter von 35 Jahren auf internationaler Ebene noch auf die Beine zu stellen vermag. Und im November 1996 beschämte er im Münchner Lokalderby gegen die Löwen seine jüngeren Kollegen ein weiteres Mal. »Matthäus war der Dreh- und Angelpunkt. Lothar schlug Pässe, flankte – doch der Rest schaute irgendwie teilnahmslos zu, wie sich der Kapitän die Lunge aus dem Leib rannte«, beschrieb »Bild am Sonntag« das Szenario des 1:1-Spiels.
Zum Zeitpunkt des großen Bayern-

Triumphes im Frühjahr 1996 – die Münchner gewannen durch zwei Siege in den Finals gegen Girondins Bordeaux den UEFA-Pokal – war nicht nur das Tischtuch zwischen Bundestrainer Berti Vogts und dem Bayern-Kapitän, sondern auch zwischen ihm und seinem Klubkollegen Jürgen Klinsmann zerschnitten.

Verdacht gegen Klinsmann

Der Franke verdächtigte den Schwaben, an seinem Hinauswurf aus der Nationalmannschaft mitgedreht zu haben, zumal Klinsmann in seiner Abwesenheit zum Kapitän in der Vogts-Truppe aufgestiegen war und zu Berti Vogts ein recht inniges Verhältnis pflegte.

Bei einem Benefizspiel nach der EM 1996 – eine Welt-Elf spielte gegen Brasilien – inszenierten die Medien zwar ein Versöhnungsspektakel, das »Bild« unter die allzu bombastische Schlagzeile: »Der Friede von New York« stellte, doch für Insider war das Ganze eher eine Art Komödienstadl. Wer Matthäus kennt, weiß, daß sein Mißtrauen tief sitzt und nicht mit einem Händedruck aus der Welt zu schaffen ist.

Dennoch hielt sich Matthäus, den Erfolg mit dem FC Bayern im Visier und

Lothar Matthäus wie er leibt und lebt: Nach gewonnenem Zweikampf mit Radoslav Latal vom FC Schalke 04 tritt er kraftvoll an.

Linke Seite: Lothar Matthäus und Andreas Brehme, die vier Jahre lang – von 1988 bis 1992 – gemeinsam bei Inter Mailand spielten.

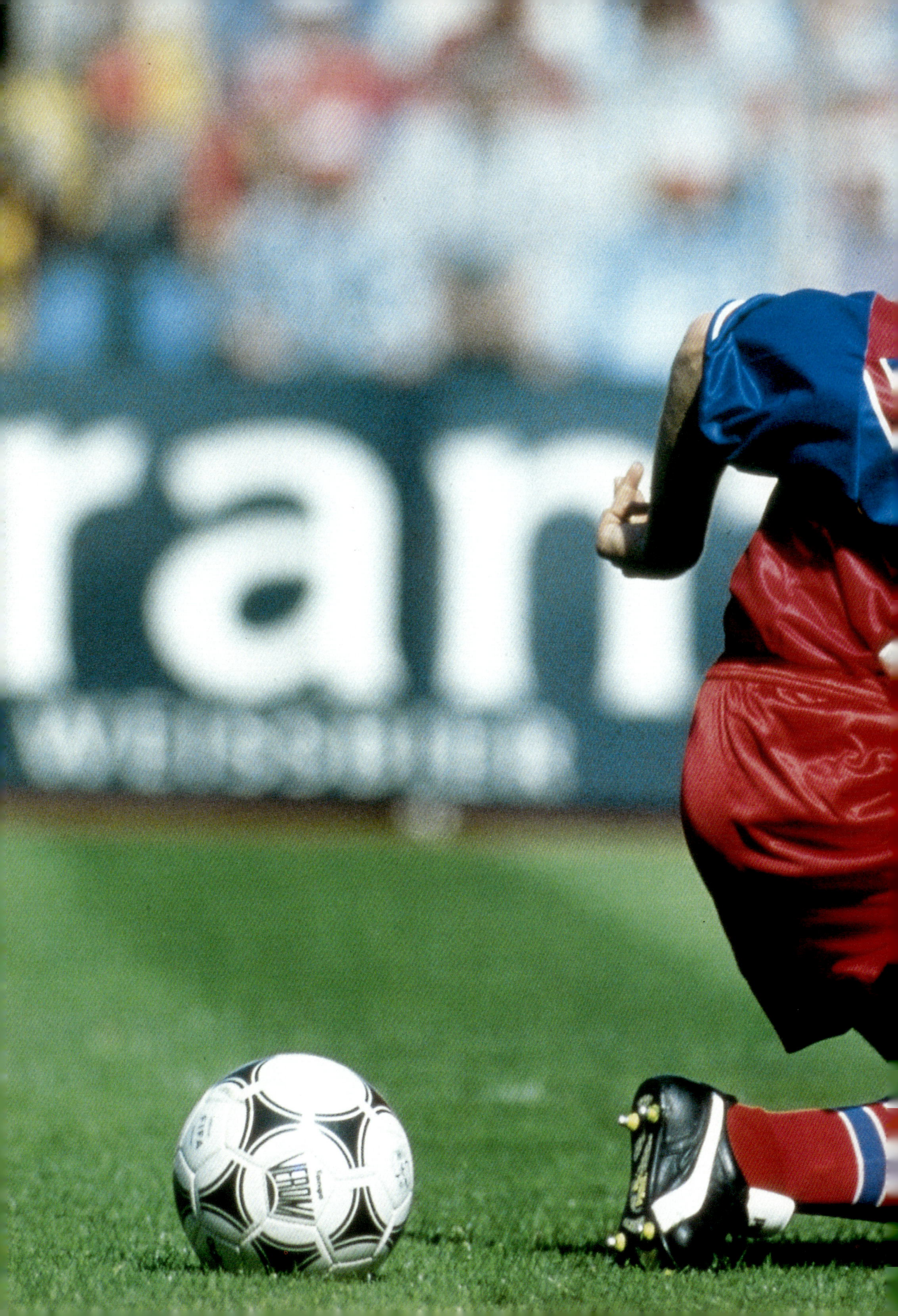

Lothar Matthäus ist einfach nicht unterzukriegen. Selbst ein Kreuzbandriß und ein Achillessehnenriß konnten den Franken nicht in die Knie zwingen.

Lothar Matthäus

Wohl ein Rekord für die Ewigkeit: 122mal spielte Lothar Matthäus für Deutschland. Im November 1993 löste er Franz Beckenbauer (104 Länderspiele) als Spitzenreiter ab – beim 2:1-Sieg in Köln gegen Brasilien.

von Franz Beckenbauer zur Mäßigung ermahnt, danach im Rahmen seiner Möglichkeiten zurück und sammelte weiter Meriten als Vorbild auf dem Rasen. Einen neuen Bundesgenossen fand er in Mario Basler, was kein Zufall sein muß, denn auch der frühere Bremer fühlte sich von Berti Vogts oft in die Ecke gestellt und nicht immer fair behandelt.

Auch das besondere Verhältnis zu Franz Beckenbauer hatte einen tieferen Grund: Mit Kaiser Franz wurde Matthäus 1990 Weltmeister, und Beckenbauer war es, der – in seiner Eigenschaft als Vizepräsident des FC Bayern – das Risiko einging, den lädierten Spieler für vier Millionen Mark Ablöse zurück nach München zu holen. Im April 1992 hatte der damalige Star von Inter Mailand im

»Er hat das Optimale aus seiner Karriere gemacht. Mehr als er kann man fast nicht erreichen.«
(Felix Magath)

Meisterschaftsspiel gegen den AC Parma einen Kreuzbandriß erlitten. Aber bereits im Herbst des Jahres beseitigte Matthäus mit einem rasanten Spiel und einem sehenswerten Treffer beim 4:2-Sieg des FC Bayern in Leverkusen letzte Zweifel am Gelingen seines Comebacks.

Debüt als Libero

Vier Monate vor der WM in Amerika schlug dann ein anderes Ereignis die Medien in seinen Bann: Lothar Matthäus feierte sein Debüt als Libero – recht eindrucksvoll beim 4:0-Sieg der Münchner über den MSV Duisburg. Olaf Thon, bis dato der Abwehrchef der Bayern, hatte sich mit einer Schulterverletzung abgemeldet und Franz Beckenbauer, nach der Tren-

DATEN UND FAKTEN

Geboren am 21. März 1961
Geburtsort: Erlangen

Klubs: FC Herzogenaurach (1970 – 1979), Borussia Mönchengladbach (1979 – 1984), FC Bayern (1984 – 1988), Inter Mailand (1988 – 1992), FC Bayern (seit 1992)

Mit dem FC Bayern Deutscher Meister 1985, 1986, 1987, 1994,
DFB-Pokalsieger 1986 und UEFA-Pokalsieger 1996, mit Inter Mailand Landesmeister 1989 und UEFA-Pokalsieger 1991
122 Länderspiele (26 Tore)
EM-Teilnehmer 1980, 1984, 1988
WM-Teilnehmer 1982, 1986, 1994
Weltmeister 1990
Weltsportler des Jahres 1990
Weltfußballer des Jahres 1990, 1991
Europas Fußballer des Jahres 1990
Fußballer des Jahres in Deutschland 1990

nung von Erich Ribbeck als Trainer eingesprungen, zum Handeln gezwungen. Thomas Helmer spekulierte auf den Job, Lothar Matthäus bekam ihn. Und Beckenbauer mußte seine Wahl nicht bereuen: Mit Matthäus als Libero gewann der FC Bayern zum 13. Mal die Deutsche Meisterschaft.

Von Vogts abserviert

Auch bei der WM in Amerika durfte Matthäus Libero spielen, nicht jedoch die erste Geige. Bundestrainer Berti Vogts brüskierte seinen Kapitän, indem er ihn nicht rechtzeitig in seine Vorhaben einweihte. So erfuhr Matthäus von der Aufstellung für das Bulgarien-Spiel, das der deutschen Mannschaft den WM-K.o. bescheren sollte, nur zufällig beim Abschlußtraining, während die Kollegen bereits informiert waren. Das Faß zum Überlaufen aber brachte die Ankündigung, daß Matthias Sammer künftig Libero spielen werde. Zwar setzte Vogts seine Worte nicht sofort in die Tat um, doch nach dem Achillessehnenriß im Januar 1995 bei einem Freundschaftsspiel in Bielefeld nutzte der Bundestrainer die Gelegenheit, den unbequemen Spieler abzuservieren.

Beim FC Bayern hingegen beweist Lothar Matthäus Woche für Woche, daß er für die Bundesliga nach wie vor eine unverzichtbare Größe ist.

Ähnliche Karrieren, aber ewige Kontrahenten: Lothar Matthäus und Stefan Effenberg spielten beide bei Mönchengladbach, Bayern München und in Italien, gemeinsam jedoch nur in der Nationalmannschaft.

TOP 20

ANDREAS MÖLLER

Wunderknabe mit zweifelhaftem Ruf

Selten wurde ein junger Spieler mit soviel Vorschußlorbeeren auf die Reise ins Fußballleben geschickt wie der Frankfurter Andreas Möller. Gleich nach seinem ersten Länderspiel im September 1988 gegen die Sowjetunion (1:0 in Düsseldorf) erhoben ihn die Boulevard-Medien in den Rang eines Wunderknaben. »Er begann verhalten und drehte plötzlich auf, als niemand bereit war, das Kommando zu übernehmen«, bemerkte ein von den energischen Tempovorstößen des grazilen Spielers beeindruckter Kritiker.

Lob von allen Seiten

Auch Berti Vogts, seinerzeit beim DFB für den Nachwuchs verantwortlich, meldete sich zu Wort: »Er schlägt Traumpässe, macht das Spiel schnell und ist auch noch torgefährlich. In diesem Alter gibt es von dieser Sorte und Klasse in Europa nur ganz wenige.« Möller war damals 21 Jahre jung und im Begriff, eine märchenhafte Karriere zu starten.

In der Bundesliga bereits ein Erfolgsgarant, 1989 mit Borussia Dortmund DFB-Pokalsieger, sah DFB-Teamchef Franz Beckenbauer für die WM 1990 in Italien in ihm die dritte Kraft im Mittelfeld – neben Lothar Matthäus und Thomas Häßler. Doch trotz der Fürsprache seines großen Förderers Vogts, der in Italien Beckenbauers Assistent war, durfte Möller lediglich 15 Minuten im Eröffnungsspiel gegen Jugoslawien (4:1) für Uwe Bein und sieben Minuten im Viertelfinale gegen die Tschechoslowakei (1:0) für Thomas Häßler aufs Feld.

Nach Treffern macht sich Andreas Möller Luft; sie stärken das Selbstwertgefühl des Dortmunders, der gegen das Vorurteil kämpft, eine Mimose zu sein.

Rechte Seite: Bei der Frankfurter Eintracht wurde der Hesse Andreas Möller nicht glücklich.

»Möller ist mein Spielmacher. Er denkt sich ins Spiel hinein, schlägt überraschende Bälle und treibt alle an.« (Ottmar Hitzfeld)

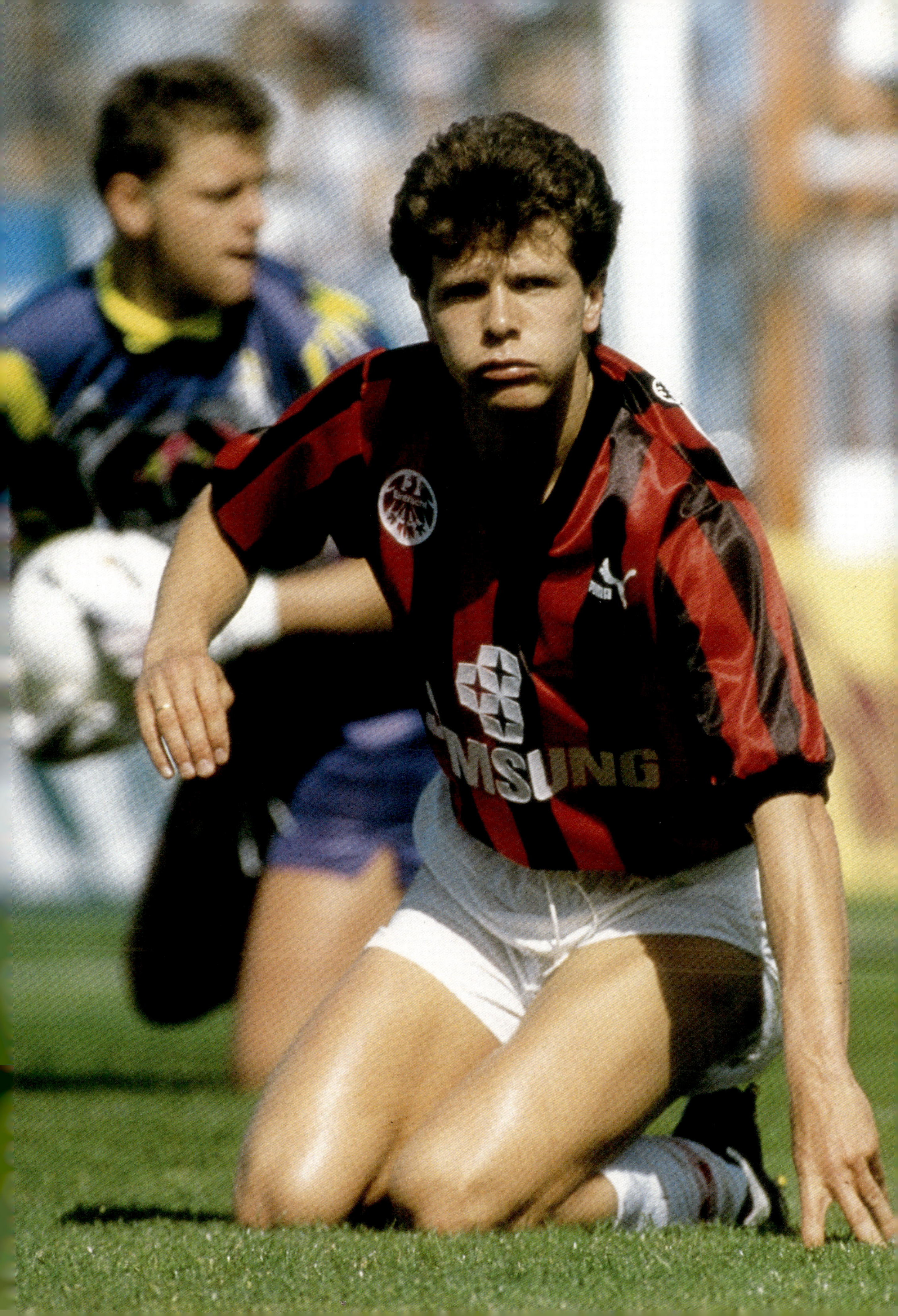

»Seht her, jetzt bin ich der Champ«: Andreas Möller streckt dem Dortmunder Publikum die Meisterschale entgegen.

»Möller ist schneller, torgefährlicher als wir es waren. Er ist letztlich eine Fortentwicklung von Overath und mir.« (Günter Netzer)

KARRIERE-HIGHLIGHTS

Nach Dauerstreit mit Trainer Karlheinz Feldkamp 1987 von Eintracht Frankfurt geschieden, erlebte Andreas Möller in Dortmund unter Trainer Horst Köppel seine erste große Zeit als Bundesligaprofi. In Berlin gewann die Mannschaft De Beer; Kroth; Kutowski, McLeod, Helmer, Breitzke (72. Lusch), Zorc, Möller, Michael Rummenigge; Dickel (77. Storck), Mill 1989 gegen Werder Bremen mit 4:1 den **DFB-Pokal**.
Nach seiner Rückkehr nach Hessen schrammte drei Jahre später Eintracht Frankfurt mit einem oft überragenden Möller unter Trainer Dragoslav Stepanovic ganz knapp an der Meisterschaft vorbei. Am letzten Spieltag unterlag das Team beim Absteiger Hansa Rostock mit 1:2 und fühlte sich zu Recht von Schiedsrichter Alfons Berg betrogen, der dem großen Favoriten einen Elfmeter verweigerte, als der Rostocker Stefan Böger dem Frankfurter Ralf Weber im Strafraum die Beine wegsäbelte.
1993 konnte Andreas Möller als Italien-Profi auf seinen ersten internationalen Titel anstoßen. Mit Juventus Turin wurde er **UEFA-Pokal-Sieger**. Die Spieler Peruzzi; Júlio César; Carrera, Kohler, De Marchi, Torricelli; Conte, Dino Baggio, Roberto Baggio, Di Canio, Marocchi; Möller, Galia, Vialli, Ravanelli bewiesen in den Finals gegen Borussia Dortmund mit 3:0 und 3:1 ihre Klasse.
1995 und 1996 gewann er mit Dortmund die **Deutsche Meisterschaft** und steuerte im ersten Jahr 14, im zweiten Jahr sieben Tore zum Titelgewinn bei. 1994/95 waren Klos; Sammer, Reuter (Kutowski), César (Zelic), Schmidt (Kree); Freund (Reinhardt, Riehtmann), Tanko (Povlsen), Zorc (Kurz, Arnold), Möller (Franck, Mallam); Chapuisat, Riedle (Tretschok, Ricken) am Erfolg beteiligt. 1996 kamen Kohler, Heinrich, Herrlich und Wolters hinzu.
Als Nationalspieler erfüllte Möller weder bei der **WM 1990** noch bei der **WM 1994** oder der **EM 1992** die Erwartungen. Erst bei der **EM 1996** trat der als Ausnahmetalent gepriesene Spieler aus dem Schatten und stellte die Fachwelt weitgehend zufrieden. Gelegentlich begeisterte er sogar; so verglich Franz Beckenbauer die Achse Sammer – Möller – Klinsmann nach dem Auftaktsieg gegen Tschechien mit dem berühmten Trio der 72er Europameisterelf: Beckenbauer – Netzer – Gerd Müller. Und nach dem Halbfinal-Hit gegen England, der erst im Elfmeterschießen entschieden wurde, schrieb Hartmut Scherzer im »Kölner Stadt-Anzeiger«: »Erst Randfigur, dann Hauptfigur und schließlich tragische Figur: Das waren die drei Rollen des Andreas Möller in diesem Drama in drei Akten.«
Möller hatte Deutschland mit dem letzten Strafstoß zum 6:5 ins Finale geschossen, das ihm selber aber wegen einer zweiten Gelben Karte verschlossen blieb. So erlebte er auf der Bank, wie sein Team **Europameister** wurde.

Andreas Möller

Unmittelbar nach der WM brach er in Dortmund seine Zelte ab und kehrte zurück zur Frankfurter Eintracht, die er 1987 für 2,4 Millionen Mark Ablöse nach Streit mit Trainer Karlheinz Feldkamp verlassen hatte.

Frankfurter Rangeleien

In Frankfurt bezahlte man Möller gut. Zu gut, um keinen Neid aufkommen zu lassen. Und da Einsatz und Leistung bei Möller schon mal zu wünschen übrig ließen, kam es zu Zerwürfnissen. Vor allem der cholerische Torhüter Uli Stein kritisierte den zur Larmoyanz neigenden Kollegen. »Der Junge ist eines der größten Talente, verdient in Frankfurt drei Millionen Mark, doch im Kopf ist er ein Dreikäsehoch geblieben«, giftete Stein in seinem Buch »Halbzeit«. Und Präsident Matthias Ohms gab ihm am Ende der Saison 1991/92 die Hauptschuld an der verpaßten Meisterschaft.

Böses Blut machte schließlich auch die Kunde, daß Möller im Falle des Titelgewinns 200 000 Mark Extrageld

Die Bürde des Spielmachers: Andreas Möller (hier gegen Frank Greiner) sieht sich meist einer »Sonderbewachung« ausgesetzt.

Andreas Möller

DATEN UND FAKTEN

Geboren am 2. September 1967
Geburtsort: Frankfurt/Main

Klubs: Schwarz-Weiß Frankfurt (1974 – 1981), Eintracht Frankfurt (1981 – 1987), Borussia Dortmund (1987 – 1990), Eintracht Frankfurt (1990 – 1992), Juventus Turin (1992 – 1994), Borussia Dortmund (seit 1994)

Mit Dortmund DFB-Pokalsieger 1989 und Deutscher Meister 1995, 1996, mit Turin UEFA-Pokal-Sieger 1993
70 Länderspiele (25 Tore)
EM-Teilnehmer 1992,
Weltmeister 1990
WM-Teilnehmer 1994
Europameister 1996

---

erhalten hätte, während seinen Mitspielern nur 40 000 Mark Prämie überwiesen worden wären.

Viel Erfolg, viel Geld

Möller war zu diesem Zeitpunkt längst dem italienischen Rekordmeister Juventus Turin versprochen, der sich eine Option auf das Ausnahmetalent gesichert hatte. In zwei Jahren Italien scheffelte Möller viel Geld, nach »Sport-Bild«-Informationen knapp 15 Millionen Mark brutto. Aber auch sportlich machte er einen gewaltigen Satz nach vorne. An der Seite von Roberto Baggio gewann er mit Juve 1993 den UEFA-Pokal und räumte mit dem Vorurteil auf, ein »Weichei« zu sein. »Andy, der Dandy. Er verbindet die Eleganz eines wilden Tieres mit dem Instinkt eines Killers«, formulierte »Tuttosport« nach einem 3:0 gegen Teneriffa enthusiastisch.

Auch in der Nationalmannschaft spielte sich Möller in dieser Zeit in den Vordergrund. Beim 2:1-Sieg über Brasilien im November 1993 in Köln lieferte er sein vielleicht bestes Länderspiel ab und erzielte das Siegtor mit einem fulminanten Schuß aus 16 Metern. »Er wird der Superstar der WM«, prophezeite Brasiliens Trainer Parreira anschließend hingerissen – eine Prognose, die sich indes nicht bewahrheiten sollte.

Rückkehr nach Dortmund

1994 war Borussia Dortmund bis ins UEFA-Pokal-Finale vorgedrungen und durch die damit verbundenen Einnahmen imstande, Möller in die Bundesliga zurückzuholen. Für 11,5 Millionen Mark erwarben die Westfalen ihn und den Brasilianer Júlio César im Paket. Zu seinem eigenen Erstaunen durfte Möller feststellen, daß ihm die Borussia-Fans verziehen hatten: 1990 war er bei einem Spiel im Westfalenstadion ans Mikrofon getreten und hatte beteuert, er werde nie in seinem Leben zu einem anderen Bundesligaklub gehen, um dann doch in Richtung Frankfurt zu entfleuchen. An der Seite von Matthias Sammer wurde er in Dortmund zu einer der Hauptfiguren. Zwischen ihm und dem Sachsen entwickelte sich ein kongeniales Zusammenspiel, von dem die Mannschaft optimal profitierte.

Nach einem überragenden Auftritt in Köln löste er zu Beginn der Saison 1994/95 bundesweit die Diskussion aus: Müssen Trainer einem Spieler mit diesem Torinstinkt und diesem enormen Antritt nicht immer einen Aufpasser zur Seite stellen? Kölns Trainer Morten Olsen hatte das nicht für nötig gehalten und war bitter bestraft worden: Möller erzielte beim 6:1-Sieg der Dortmunder in Müngersdorf drei Tore. Offen blieb die Frage, ob Gegenmaßnahmen überhaupt möglich gewesen wären, denn an seinen guten Tagen schaltet Möller den Turbo ein, wie es im Boulevardjargon heißt, und enteilt sämtlichen Bewachern wie eine Gazelle.

Zum Musterknaben war der talentierte Spieler jedoch auch in Italien nicht geworden. Mal präsentiert er sich in der Bundesliga als Heintje – wie ihn Thomas Häßler getauft hatte, weil er wie der einstige Kinderstar in die Kameras lächele –, mal als Rambo und abgezockter Profi, dem jedes Mittel recht ist.

So baute er im Bundesliga-Heimspiel gegen den Karlsruher SC im Frühjahr 1995 eine Schwalbe, die ihm sehr schadete. »Sport-Bild« analysierte: »Natürlich war er absichtlich in die Horizontale gesprungen, um Schiedsrichter Günther Habermann zu täuschen und seiner Dortmunder Borussia einen nicht verdienten Vorteil zu verschaffen. Und natürlich wußte er, als dieses Manöver mit Elfmeterpfiff belohnt wurde (es war die Wende zum Sieg), daß er die Ideale des Sports mit Füßen getreten hatte. Daß es ein Verstoß gegen Anstand und Fairneß gewesen war. Und er wußte auch, daß er damit allen Kritikern neue Nahrung gegeben hatte, die ihn als Inbegriff des schlechten Wesens eines Fußballprofis betrachten, als hochqualifizierten und zutiefst verachteten Wohlstandsjüngling.« Das DFB-Sportgericht zog ihn für zwei Spiele aus dem Verkehr und brummte ihm eine Geldstrafe von 10 000 Mark auf.

Vom Fiskus verfolgt

Wochen später fiel Möller in Freiburg ein weiteres Mal aus der Rolle: Er reklamierte ein Handspiel des Torhüters Jörg Schmadtke außerhalb des Strafraums, was die Fernsehkamera später widerlegte, und forderte – mit Erfolg – Schiedsrichter Wolf-Günter Wiesel zum Platzverweis auf. Dann holte er Jörg Heinrich, der in der Saison 1995/96 sein Klubkollege in Dortmund werden sollte, mit einer Grätsche von den Beinen und kassierte selbst die Gelb-Rote Karte.

Seine Gereiztheit in diesen Monaten war sicherlich auch darauf zurückzuführen, daß zu dieser Zeit die Steuerfahndung hinter ihm her war. So soll – laut »Sport-Bild« – der Spieler zum Beispiel 900 000 Mark Vorschuß und drei Millionen Mark Handgeld von seinem italienischen Klub nicht versteuert haben – Vorwürfe, die Möller und sein Manager inzwischen weitgehend entkräften konnten. Bisher ist es in dieser Angelegenheit allerdings zu keiner Einigung zwischen Möller und dem Fiskus gekommen.

Böses Foul an Basler

All das geschah in seinem ersten Dortmunder Jahr. Im zweiten sammelte er ausschließlich Pluspunkte. Einen Aus-

Erfolgserlebnisse verbinden: Bei Borussia Dortmund hatten Andreas Möller und seine Kollegen schon mehrfach Grund zur gemeinsamen Freude.

Andreas Möller

Im Trikot der Nationalmannschaft blieb Andreas Möller recht oft die erwartete Leistung schuldig; auch bei der EM 1996 in England schöpfte er sein Potential nur selten aus.

rutscher leistete er sich erst wieder in der Saison 1996/97. Im 0:0-Spiel beim FC Bayern versetzte er in einem nicht zimperlichen Zweikampf Mario Basler, mit dem er sich seit der EM in England einen offenen verbalen Schlagabtausch lieferte, einen ziemlich rüden Tritt. Bayern-Sportdirektor Karl-Heinz Rummenigge unterstellte dem Dortmunder Star Absicht: »Es war klar zu sehen, daß er nicht nur den Ball im Auge hatte.«

In der Nationalmannschaft galt Möller nach einer verkorksten EM 1992, einer mißratenen WM 1994, nach Formschwankungen und ständigen Auseinandersetzungen mit Bundestrainer Vogts als Wackelkandidat. Bei der EM in England blieb seine Leistung stabil, wenn auch glanzvolle Auftritte ausblieben. »Stimac war vom Platz geflogen, wir führten 2:1, und die Kroaten mußten deshalb ihre Abwehr entblößen. Da war ich felsenfest überzeugt, daß Andy seinen Turbo einschaltet. Doch er versteckte sich, schob die Bälle über drei Meter zum Nebenmann und hatte nicht den Mumm zu seinen sonst so gefürchteten Alleingängen«, monierte Altmeister Andreas Brehme Möllers Einsatz im Viertelfinale.

Um die WM 1998 in Frankreich muß sich Möller, sollte er von schweren Verletzungen verschont bleiben, allerdings nicht weiter sorgen. Nach dem 5:1-Sieg im WM-Qualifikationsspiel gegen Armenien in Eriwan sagte der Bundestrainer in Abwesenheit des angeschlagenen Dortmunders: »Mit Möller wäre unser Spiel noch besser gelaufen. Von einer Entmöllerung in der Nationalmannschaft kann keine Rede sein.«

PETER NOWAK

TOP 20

Der König der Löwen

Sein Aufstieg vollzog sich im Schneckentempo. Mit 25 Jahren, in einem Alter in dem andere Profis dem Zenit ihrer Laufbahn entgegensteuern und schon die Millionen zählen, spielte Peter Nowak beim Erstliga-Neuling Zawisza Bydgoszcz (vormals Bromberg) und verdiente 1000 Mark im Monat – in seiner Heimat viel Geld. Er mußte lange warten, ehe er das süße Leben eines Superstars führen konnte und seinen Fähigkeiten entsprechend honoriert wurde.

Dabei hatte es am Anfang ganz nach einer Blitzkarriere ausgesehen. Mit 15 unterschrieb der Elektromechanikerlehrling seinen ersten Profivertrag bei seinem Heimatklub Wlokniarz Pabianice. Sich seines Wertes nicht recht bewußt, spielte Nowak mal hier, mal dort. Erst in Bydgoszcz dämmerte ihm, daß er wohl doch etwas Besonderes sein müsse: Neun Monate nach dem Aufstieg Zawiszas in die polnische Staatsliga wurde er in die Nationalmannschaft berufen.

Vater Franz als Lehrer

Für Vater Franz, in den sechziger Jahren Profi bei LSK Lodz, gab es keinen Zweifel, daß es der Sohn im Fußball einmal weit bringen werde. Mit Erfolg

Nach Zwischenstationen in der Türkei, in Dresden und in Kaiserslautern landete Peter Nowak in München und wurde bei den Löwen zum Ideengeber im Mittelfeld.

Peter Nowak

KARRIERE-HIGHLIGHTS

Nach einer Odyssee durch verschiedene polnische Klubs unterschrieb Peter Nowak 1987 einen Vertrag beim Zweitligaklub **Zawisza Bydgoszcz**, mit dem der Enkel einer deutschen Familie 1989 in die erste Liga aufstieg. Im Februar 1990 trug er, 25 Jahre alt, zum ersten Mal das **Nationaltrikot**. Nowak wurde im 2:0-Länderspiel gegen den Iran in Teheran eingewechselt. Mit 26 bekam er 1990 die Freigabe für das westliche Ausland. Er unterschrieb einen Vertrag beim türkischen Aufsteiger **Bakirkoyspor**, einem Klub vor den Toren Istanbuls. Im Herbst 1993 vom damaligen Dynamo-Manager Udo Klug in Absprache mit Trainer Siggi Held aus der Schweiz nach Dresden geholt, avancierte der brillante Techniker in der Stadt an der Elbe neben Libero Hans-Uwe Pilz zum wichtigsten Spieler des **FC Dynamo**. Vor allem diesen beiden verdankten die Sachsen 1994 den Verbleib in der Bundesliga. Liquiditätsprobleme zwangen Dynamo anschließend, den Spielmacher zu verkaufen. Der **FC Kaiserslautern** griff zu, Rausch musterte Nowak aber aus, nachdem sich der Pole in der Vorbereitung einen Muskelfaserriß zugezogen hatte. Nutznießer wurde Aufsteiger **München 1860**, der sich die Verpflichtung 1,5 Millionen Mark kosten ließ und einen Volltreffer landete: In einer phantastischen Aufholjagd sicherten Nowaks Vorlagen und Treffer den Münchner Löwen 1995 den Klassenerhalt. »Peter Nowak hat uns vor dem Abstieg gerettet«, jubelte Löwen-Torjäger Olaf Bodden in aller Öffentlichkeit. Auch am achten Platz der Sechziger in der Saison 1995/96 hatte Nowak den Hauptanteil. Hinter den Stürmern Bodden (14 Tore) und Bernhard Winkler (zehn) war der Mittelfeldspieler mit sieben Toren drittbester Torschütze seines Klubs. Seinen Wert für das Team unterstrich die Scorer-Liste des »kicker-Sportmagazin«, in der ein Tor und die Vorlage zum Tor mit je einem Punkt bewertet werden. Wie Bodden kam Nowak auf 18 Punkte (sieben Tore erzielt, elf vorbereitet). Den ersten Platz belegte der Brasilianer Giovane Elber mit 26 Punkten vor Andreas Möller mit 25 Punkten.

hatte er ihm schon im Knabenalter eingeschärft: »Piotr, du bist klein. Deshalb mußt du schnell und technisch perfekt sein«, und beim eins-gegen-eins das Ballgefühl des Sprößlings optimal entwickelt.

Mit 26 nutzte Peter Nowak nun die Chance, ins westliche Ausland wechseln zu dürfen. Er heuerte in der Türkei an. Im Istanbuler Vorort Bakirkoy, am Marmarameer gelegen, verbrachte er zwei Jahre, die ihn sportlich nicht weiterbrachten, aber eine Alternative zu dem Klub Bakirkoyspor gab es 1990 praktisch nicht, nur noch das Angebot des Bezirksligaklubs PSV Essen, der Nowak für 2000 Mark monatlich verpflichten wollte. Über seine Zeit in der Türkei urteilte der Spieler selber: »Das Beste daran war, daß ich dadurch meinen deutschen Manager kennenlernte, der mir den Weg in die Bundesliga ebnete.«

Plötzlich sehr begehrt

Ein Mann namens Dieter Langhans bemühte sich um ihn, machte Nowak in der Schweiz und anschließend in der Bundesliga publik. Dynamo Dresden löste den Polen 1993 für 800 000 Mark bei den Young Boys Bern aus. Und kaum hatte er in Dresden unterschrieben, da meldeten sich sechs an-

»Er ist so etwas wie die Limousine im Fuhrpark der Mittelklassekarossen.« (»Süddeutsche Zeitung«)

DATEN UND FAKTEN

Geboren am 5. Juli 1964
Geburtsort: Pabianice (bei Lodz)

Klubs: Wlokniarz Pabianice (1978–1985), Widzew Lodz (1985–1986), Motor Lublin (1986–1987), Zawisza Bydgoszcz (vormals Bromberg) (1987–1990), Bakirkoyspor (1990–1992), Young Boys Bern (1992–1993), Dynamo Dresden (1993–1994), 1. FC Kaiserslautern (Juli bis September 1994), TSV München 1860 (seit September 1994)
Mit Bydgoszcz Aufstieg in die erste Liga 1989
15 Länderspiele (2 Tore)

dere Bundesligaklubs, darunter auch Borussia Dortmund und der 1. FC Köln.

Von dem großen Interesse an seiner Fußballkunst fühlte sich Nowak geschmeichelt, aber in Dresden fühlte er sich wohl. Als die Sachsen den Polen nach einem Jahr aus wirtschaftlichen Gründen dann doch verkaufen mußten, war der Spieler den Tränen nahe. »Ich hätte gern weiter für Dynamo gespielt, gerne weiter im schönen Dresden gelebt«, bedauerte er den unfreiwilligen Abschied.

Bei Rausch überflüssig

Beim 1. FC Kaiserslautern, seinem neuen Arbeitgeber, geriet er ins Abseits, bevor er seine sportlichen Qualitäten auch nur ansatzweise demonstrieren konnte. Nowak zog sich in der Vorbereitung einen Muskelfaserriß zu. Als er wieder gesund war, hatte Trainer Friedel Rausch die Plätze im Mittelfeld schon an Ciriaco Sforza, Andreas Brehme und Martin Wagner vergeben. Er war also überflüssig.

Zum Glück gab es da noch Miroslav Stevic, den guten Kumpel aus gemeinsamen Dresdner Tagen. Der Serbe aus Bosnien, beim TSV München 1860 gerade ein paar Monate in Lohn und Brot, machte Nowak seinem Trainer Werner Lorant schmackhaft. Und der wiederum drängte Löwen-Präsident Karl-Heinz Wildmoser, der schließlich die geforderte Ablöse von 1,5 Millionen Mark nach Kaiserslautern überwies.

Schwabls Bekenntnis

In München mußte der freundliche Pole, der sich einer in der Bundesliga ungewohnt fairen Spielweise verpflichtet fühlt – »Ich gehe nicht auf die Knochen; bei mir weiß der Gegner

Mit seinem schnellen Antritt und seinen vielen Tricks verblüfft er Gegner und Zuschauer gleichermaßen: Peter Nowak, der hier Bodo Schmidt (Borussia Dortmund, später 1. FC Köln) stehen läßt.

Peter Nowak

ZWEI PÄSSE

Als Nachfahre deutscher Großeltern, die Keller hießen und nach dem Zweiten Weltkrieg den Namen Nowak (Mädchenname der Großmutter) annahmen, um der Vertreibung aus der oberschlesischen Heimat zu entgehen, besitzt Peter Nowak gleich zwei Pässe. Im deutschen Personalausweis steht der Name Peter Keller, im polnischen Paß der Name Piotr Nowak. »Jeder in Deutschland schreibt meinen Vornamen natürlich Peter.«

immer, daß ich ein Gentleman bin, und dann ist er auch einer« –, nicht lange um Anerkennung und Sympathien kämpfen. Die Mitspieler ernannten ihn zum König der Löwen, sie billigten ihm die Hauptrolle im Mittelfeld zu. Auch Kapitän Manfred Schwabl ließ sich nicht lumpen: »Für den Peter mache ich gerne die Drecksarbeit.«

Nowaks Wert wurde häufig gerade in seiner Abwesenheit deutlich. So zum Beispiel im November 1996 im Olympiastadion: Ohne ihn unterlagen die Löwen dem Aufsteiger Arminia Bielefeld mit 1:3. Bernhard Trares konnte Nowak, der vom Länderspiel gegen Moldawien mit einer Adduktorenverletzung zurückgekehrt war, nicht annähernd ersetzen. Die »Süddeutsche Zeitung« schrieb: »Das Mittelfeld hat ohne den kleinen Zauberer Piotr Nowak seine Identität verloren.«

Der beste Vertrag aller Zeiten

Im Winter 1995/96 verhinderte Klubchef Wildmoser, daß sein Herzbube in die japanische J-League abwanderte. Die Vertragsverlängerung mit Option bis 1999 ließ sich der Gastronom einiges kosten: Nowaks Jahresgehalt in Höhe von 500 000 Mark wurde mit Hilfe eines Getränkeherstellers und einer Bank verdoppelt. Damit besitzt der Spieler den bestdotierten Vertrag in der Vereinsgeschichte des TSV München 1860.

»Wenn Nowak topfit ist, gibt es in der Bundesliga keinen besseren.« (Karl-Heinz Wildmoser)

Seine Glanzvorstellungen in der Bundesliga wurden in der Heimat mit Wohlwollen registriert: 1996 wählten Polens Sportjournalisten Peter Nowak zum »Fußballer des Jahres«.

MATTHIAS SAMMER

TOP 20

Seine Temperamentsausbrüche sind gefürchtet: Wenn Matthias Sammer etwas nicht paßt, spricht er es auch aus und sorgt gelegentlich für Konfliktstoff.

Wo es sein muß, geht er auf die Barrikaden

»Matthias Sammer reißt mit. Er kennt nur den Erfolg.« (Stefan Effenberg)

Schon Vater Klaus hatte früh erkannt: »Wer den Matthias brav haben möchte, kann den Sammer abschreiben.« Das mußte auch Berti Vogts erkennen. Die offene Art des Ostdeutschen und dessen Mut zur eigenen Meinung tadelte der Bundestrainer als Respektlosigkeit und versuchte den rotblonden Dresdner, der schon bei Dynamo Charakter und Durchsetzungskraft gezeigt hatte, in der Nationalmannschaft in seine Schranken zu weisen. Doch schließlich erkannte er dessen Leistung an und sah bald ein, daß eine Persönlichkeit dieses Kalibers und Könnens in die erste Riege seiner Mannschaft gehörte.

Matthias Sammer

Als Spielorganisator ähnlich souverän wie früher Franz Beckenbauer: Matthias Sammer, der hier ein Kopfballduell gegen Thomas Sobotzik vom FC St. Pauli gewinnt.

KARRIERE-HIGHLIGHTS

Vom VfB Stuttgart nach dem Fall der Mauer für 2,2 Millionen Mark in Dresden erworben, schlug Matthias Sammer beim Traditionsklub im Musterländle groß ein. Neben Guido Buchwald und Karl Allgöwer wurde er zum wichtigsten Spieler einer Mannschaft, die 1992 vor Borussia Dortmund und Eintracht Frankfurt auf der Ziellinie den **Meistertitel** holte. Vom Siegtor durch Buchwald in den Schlußminuten erfuhr Sammer nach dem Abpfiff des Spiels in Leverkusen in der Kabine. Schiedsrichter Dellwing hatte ihn in der 80. Minute wegen Meckerns vorzeitig vom Platz geschickt. Im Glückstaumel rutschte ihm damals der medienwirksame Satz heraus: »Der liebe Gott muß ein Schwabe sein.« Nach kurzzeitigem Gastspiel in Mailand setzte er seinen Erfolgsweg in der Bundesliga Anfang 1993 bei Borussia Dortmund fort: 1995 half er den Gelb-Schwarzen die **Deutsche Meisterschaft** zu sichern – es war die erste Titelgewinn des BV Borussia nach 32 Jahren. Ein Jahr später stießen die Westfalen erneut auf den Titel an, und wieder gehörte Sammer zu den entscheidenden Leistungsträgern. Seinen besonderen Wert belegte die »SAT 1«-Datenbank: Als Sammer verletzt war, gewann die Borussia nur 48,9 Prozent aller Zweikämpfe und gehörte damit zu den schlechtesten fünf Bundesligaklubs. Als Sammer sich gesund zurückmeldete, kletterte die Erfolgsquote wieder auf 52,7 Prozent. Sein Debüt in der Nationalmannschaft war im Dezember 1990 beim 4:0-Sieg in Stuttgart gegen die Schweiz fällig. Nach jahrelangen Reibereien mit Vogts, der mit der sehr direkten Art des Sachsen seine Schwierigkeiten hatte, gelang es Sammer, bei der **EM in Schweden** 1992 Fuß zu fassen. Nach dem 1:3-Debakel gegen Holland durfte er den Platz des enttäuschenden Andreas Möller einnehmen. Mit Sammer erreichte Deutschland das Finale, das dann gegen Außenseiter Dänemark mit 0:2 verlorenging. Bei der **WM in den USA** 1994 führte er sich gleich im Eröffnungsspiel gegen Bolivien (1:0) groß ein: Eine Computer-Analyse ergab, daß er von allen deutschen Spielern die meisten Zweikämpfe gewann: 23 von 36. Beim 3:2-Sieg im Achtelfinale gegen Belgien war er neben Rudi Völler der herausragende Akteur. Sammer schaltete Spielmacher Enzo Scifo aus und sich wirkungsvoll ins Angriffsspiel ein. Wegen einer Verletzung mußte er im Viertelfinale passen. Deutschland verlor gegen Bulgarien 1:2 und flog aus dem Turnier. Zwei Jahre später wurde Deutschland mit Sammer **Europameister**. In England gefiel er durch sein mitreißendes Spiel, sein taktisches Geschick und seine strategische Umsicht. Zudem trat er in den Spielen gegen Rußland (3:0) und Kroatien (2:1) als Torschütze in Erscheinung. Die deutschen Sportjournalisten verständigten sich 1996 ein weiteres Mal auf Sammer als **»Fußballer des Jahres«**. Ende des Jahres wählte ihn die Fachpresse zum **»Fußballer Europas«**. Mit 144 Punkten gewann er vor Ronaldo (141), Shearer (107), Del Piero (65) und Klinsmann (60).

Gelungener Einstieg

Bayer Leverkusen, das nach der Wende die Torjäger Andreas Thom und Ulf Kirsten, um den im Poker um die Spieler der ehemaligen DDR harte Kämpfe mit Borussia Dortmund entbrannt waren, verpflichtet hatte, wollte sich nicht nachsagen lassen, die halbe DDR-Nationalmannschaft aufzukaufen, und verzichtete daher auf die Option für Sammer. Dadurch bekam der VfB Stuttgart Gelegenheit, zuzugreifen.

Manager Dieter Hoeneß war überzeugt, daß der Sachse der geeignete Nachfolger für den Isländer Asgeir Sigurvinsson sei, der jahrelang Takt und Tempo im Stuttgarter Mittelfeld bestimmt hatte, und sollte damit recht behalten. Zwar begegneten die lokalen Medien dem Neuen, an dessen offene und direkte Art sie sich erst gewöhnen mußten, zu Beginn mit Skepsis, doch die Berufskollegen nahmen ihn gleich in ihrer Mitte auf. Platzhirsche wie Karl Allgöwer und Guido Buchwald erkannten, daß Sammer der Mann war, mit dem sich der Erfolg erzwingen lassen werde. Allgöwer und er bildeten ein höchst dynamisches Gespann, wobei die beiden weit mehr verband als ein gleiches Spielverständnis.

Mailand ein Reinfall

1992 gewannen die Schwaben mit Sammer als Mittelfeldmotor die Deutsche Meisterschaft. Danach folgte der Sachse, wie schon viele prominente deutsche Kicker vor ihm, dem Ruf des großen Geldes nach Italien. Doch sportlich sollte das Gastspiel bei Inter Mailand zu einem Reinfall werden. Trainer Osvaldo Bagnoli wußte mit dem »sächsischen Vulkan« (»Süddeutsche Zeitung«) nichts anzufangen. So kehrte Sammer nach einem halben Jahr in die Bundesliga zurück. Borussia Dortmund löste ihn für 8,5 Millionen Mark aus.

Ein König Midas

Fortan war der Erfolg sein ständiger Begleiter. Matthias Sammer wurde zu einem König Midas der Bundesliga: Alles was er anfaßte, wurde zu Gold. Den Gelb-Schwarzen gab er das lang vermißte Profil, zunächst als Regent im zentralen Mittelfeld. Später, als sich bei dem Australier Ned Zelic Fehler und Verletzungen häuften, wurde dann, in der Not, der Libero Sammer geboren.

Diese Tätigkeit war ihm – wie einst Franz Beckenbauer – auf den Leib geschrieben. Auf dieser Position konnte Sammer seine Fähigkeiten voll entfalten, das Spiel organisieren, kontrollieren, dirigieren und variieren. Zudem besaß er die besondere Gabe, die

Im Trikot des VfB Stuttgart feierte Matthias Sammer seinen ersten großen Bundesligatriumph: Mit den Schwaben wurde der Sachse 1992 Deutscher Meister.

Matthias Sammer

DATEN UND FAKTEN

Geboren am 5. September 1967
Geburtsort: Dresden

Klubs: Dynamo Dresden (1973 – 1990), VfB Stuttgart (1990 – 1992), Inter Mailand (1992 – Januar 1993), Borussia Dortmund (seit Januar 1993)
Mit Dresden DDR-Meister 1989, 1990 und Pokalsieger 1990, mit Stuttgart Deutscher Meister 1992, mit Dortmund Deutscher Meister 1995, 1996
23 Länderspiele für die DDR (6 Tore), 49 Länderspiele (8 Tore)
Mit der DDR Europameister der »U 18« 1986
EM-Teilnehmer 1992
WM-Teilnehmer 1994
Europameister 1996
Spieler der Saison 94/95
Fußballer des Jahres 1995, 1996
Europas Fußballer des Jahres 1996

Spielzüge seiner Gegner früher als andere zu erkennen und entsprechend vorausschauend zu reagieren.

Kritik bei Meisterfeier

Keiner machte Sammer in Dortmund die Rolle des Leitwolfs streitig, am allerwenigsten Trainer Ottmar Hitzfeld, der wie die Teamkollegen gelegentlich die harte Kritik des ehrgeizigen Dresdners zu spüren bekam. Sah Sammer den Erfolg in Gefahr, ging er auf die Barrikaden.

Nicht immer waren die Mitspieler von ihm und seinen Alleingängen begeistert. Als die Mannschaft nach dem Gewinn der Meisterschaft 1995 den schönsten Tag ihres Lebens besang, stand Sammer abseits und zog ein mürrisches Gesicht, obwohl Trainer Hitzfeld ihn als den wichtigsten Spieler seiner Mannschaft lobte. Der Dresdner lehnte die allgemein um sich greifende Euphorie ab und wies darauf hin, daß die Leistung der Mannschaft während der Saison durchaus nicht immer gestimmt habe. Auch die Nachbarschaftshilfe der Schalker, die Mitbewerber Werder Bremen 4:2 bezwangen, und der Abschlußsieg des FC Bayern über die Norddeutschen habe eine wesentliche Rolle beim Gewinn des ersten Dortmunder Titels nach 32 Jahren gespielt. Die Kollegen feixten. Einer wie Sammer mit seinem Erfolgswillen passe eben nicht in die Gruppe, sagten sie, einer der nicht rauche, einer der nicht feiern könne.

Zumindest letzteres unterschied ihn, wenn es denn stimmt, von einem großen Spieler der Vergangenheit, dem er ansonsten in vielem ähnelt: Auch Paul Breitner überwarf sich beim FC Bayern mit seinen Trainern und reagierte cholerisch: Bei der WM 1974 als Rädelsführer im Prämienstreit verdächtigt, wollte Breitner sofort abreisen. Gerd Müller und Franz Beckenbauer redeten ihm das aus. Die Parallele: Als Berti Vogts beim US-Cup 1993 Sammer im Spiel gegen Brasilien zur Pause beim Stand von 0:3 (Endstand 3:3) austauschte, entschloß sich dieser ebenfalls, nach Hause zu fliegen. Der Koffer war schon gepackt, da stimmte ihn sein Vereinskollege Michael Zorc, damals auch Nationalspieler, im letzten Moment um.

Heimlicher Herrscher

Schaden konnten solche Auftritte weder Breitner noch Sammer. Ihre Klasse und ihr Intellekt machten sie schier unangreifbar. Bei der Borussia entstand manchmal sogar der Eindruck, Sammer sei – nach dem Motto: Es ist mir egal, wer unter mir Trainer ist – der heimliche Herrscher der Mannschaft.

Auch in der Nationalmannschaft gewann er zusehends an Einfluß, durch gute Spiele, aber auch durch seine Persönlichkeit, die Berti Vogts bei der WM 1994 schätzen lernte: Der Bundestrainer setzte ihn als Mittler seiner Anweisungen für die Mannschaft ein und verprellte auf diese Weise Kapitän Lothar Matthäus.

Unbändiger Siegeswillen

Das Versprechen, Sammer nach der WM zum Libero der Nationalmann-

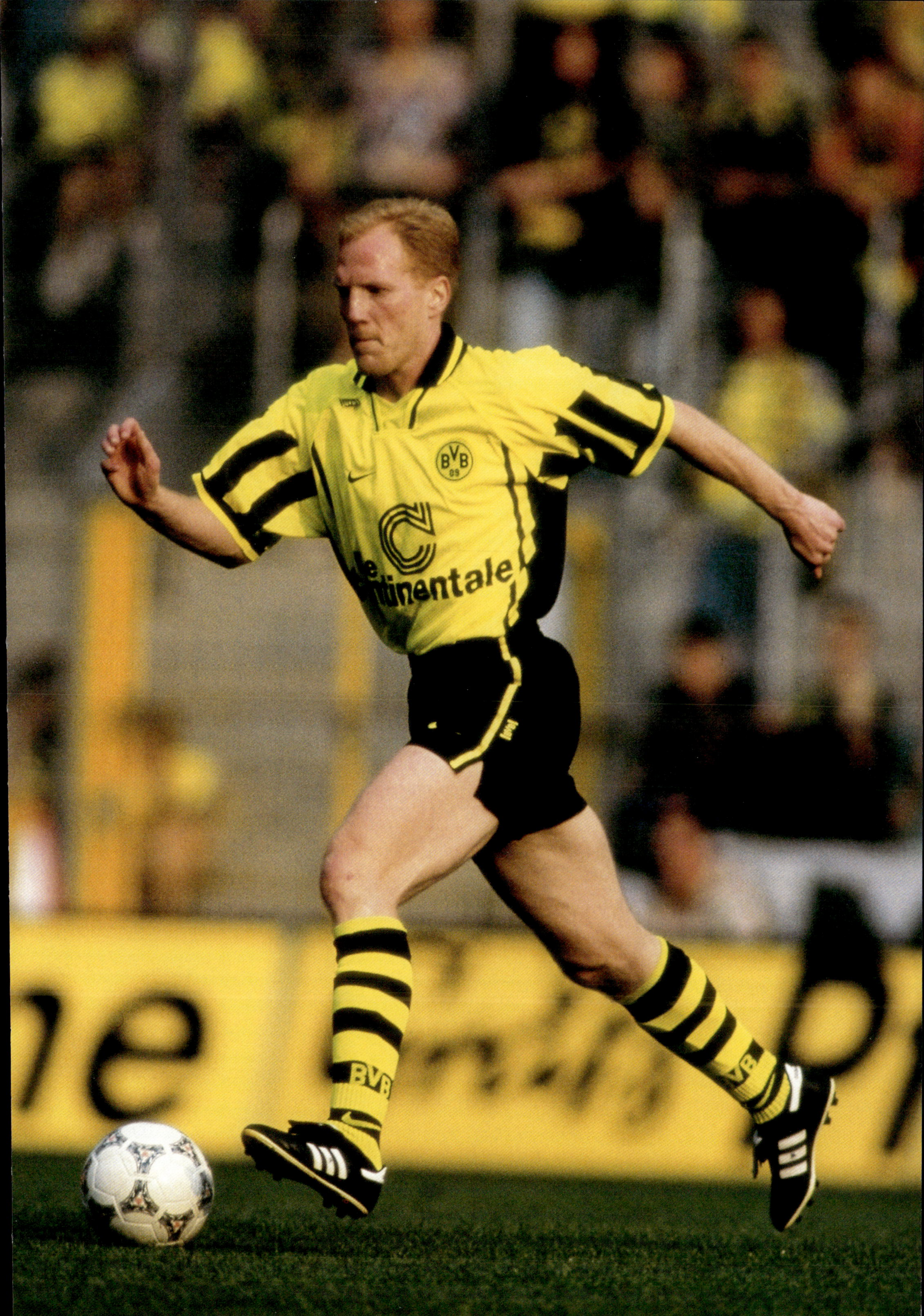
BVB

Matthias Sammer

> »Meines Erachtens interpretiert Matthias Sammer die Liberorolle mit Abstand am auffälligsten. Ich scheue mich nicht einmal, ihn in dieser Rolle als die Nummer eins der Welt zu bezeichnen.«
> (Franz Beckenbauer)

schaft zu machen, hielt Vogts allerdings nicht. Erst als Matthäus sich im Januar 1995 einen Achillessehnenriß zuzog, durfte Sammer einspringen – für immer und wohl zum Wohle der Nationalmannschaft. Ohne Sammer wäre Deutschland 1996 in England sicherlich nicht Europameister geworden. Beeindruckt von der Moral des Sachsen, schrieb das »kicker-Sportmagazin«: Als im EM-Viertelfinale kroatische Kunst und schmutzige Härte ein unheilvolles Bündnis einzugehen drohten, als im Halbfinale England von einer Welle der Begeisterung getragen wurde, da diente Sammer als Synonym für den Selbstbehauptungs- und unbändigen Siegeswillen der DFB-Auswahl.«

Europas Nummer 1

Wie hoch er bei den Sportjournalisten im Kurs stand, erfuhr er 1996 gleich zweimal: Zum zweiten Mal in Folge wählten sie ihn im Spätsommer zum »Fußballer des Jahres«, Ende Dezember sogar zum »Fußballer Europas«. Und das, obwohl er die meiste Zeit des Jahres wegen Verletzungen pausieren mußte.

Schatten legten sich in der Saison 96/97 über seine Karriere: Nachdem Sammer eine Meniskusoperation erfolgreich überstanden hatte und langwierige Rückenbeschwerden abgeklungen waren, meldete er sich im Herbst 1996 mit einem Muskelbündelanriß im linken Oberschenkel erneut für einige Wochen ab. »Muß Sammer schon jetzt den Preis für elf Jahre Profifußball zahlen, streikt der Körper immer öfter?« fragte »Bild«, besorgt um die sportliche Zukunft eines Spielers, der in den neunziger Jahren für das Ansehen des deutschen Fußballs mehr geleistet hat als jeder andere seiner Zunft.

Obwohl er wegen Verletzungen viele Monate ausfiel, wählten ihn Europas Sportjournalisten 1996 zum »Fußballer des Jahres« – ein Beweis für die Wertschätzung, die der Borussia-Profi bei den Medien genießt.

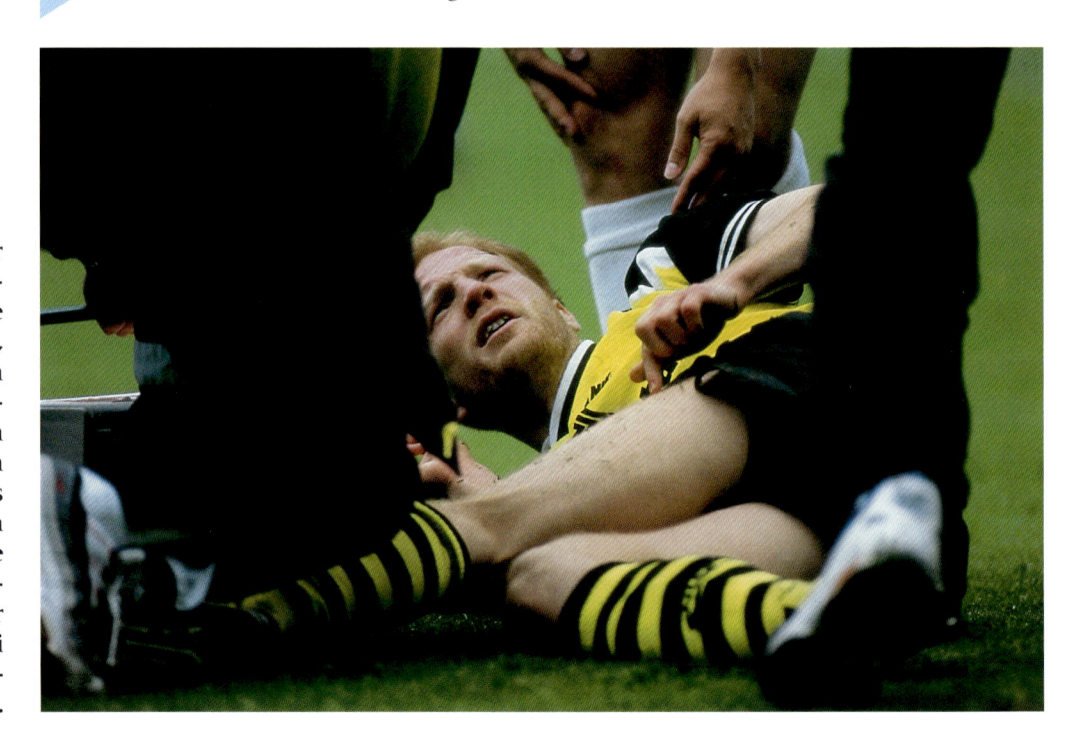

MEHMET SCHOLL

TOP 20

Ein Filou: ohne Respekt, aber mit Pfiff

Er drückte noch die Schulbank, da wollten sie ihn schon aus seiner heilen Welt herausreißen. Einer der ersten, die ein Auge auf »das größte Talent des deutschen Fußballs« (Karl-Heinz Rummenigge) geworfen hatten, war Reiner Calmund, der Konkurrenz immer einen Schritt voraus. Doch als Leverkusens gewichtiger Manager 1990 in Schäfers Herde wildern wollte, schob ihm KSC-Manager Carl-Heinz Rühl einen Riegel vor und erteilte dem »Mann mit dem Koffer« Stadionverbot.

Schule geht vor

Mehmet Scholl, mit den Amateuren des KSC gerade Meister der Oberliga Baden-Württemberg geworden, fand das Interesse an seiner Person nicht besonders aufregend. Sein damaliger Standpunkt: »Die Schule geht vor« wies ihn schon in jungen Jahren als einen Mann mit Prinzipien aus. Nach dem Abitur schloß Karlsruhe 1991 mit dem 19jährigen einen Dreijahresvertrag ab – kein Grund für andere Bundesligisten, die Finger von dem Filigrantechniker zu lassen. Sogar das Ausland war Anfang der neunziger Jahre bereits aufmerksam geworden. Real Madrid, so schrieben die Gazetten, wolle ihn, und auch sein Lieblingsklub Juventus Turin hatte angeblich die Konditionen eruiert. Doch das Rennen um den Dribbelkünstler, den sein sportlicher Ziehvater Winfried Schäfer als Rohdiamanten bezeichnete, der behutsam geschliffen werden müsse, machte schließlich der FC Bayern. Für die Ablösesumme von sechs Millionen Mark folgte Scholl seinen früheren Klubkollegen Oliver Kreuzer und Michael Sternkopf, der mit Scholl in Karlsruhe in derselben Nachbarschaft aufgewachsen war, nach München.

Es sollte eine schwere Zeit für den Umsiedler werden. Ausgestattet mit einem kessen Mundwerk und recht

Auch in Lederhosen macht Mehmet Scholl eine gute Figur; für die Kritiker ist er einer der wenigen großen Individualisten der Bundesliga.

»Einen Straßenfußballer wie ihn muß man einfach lieben.« (Franz Beckenbauer)

viel Selbstbewußtsein, fühlte sich Scholl oft von Trainern, aber auch von bereits etablierten Kollegen nicht richtig behandelt und verstanden. Das sah auch die »Süddeutsche Zeitung« so. Über den Spieler, der etwa zwei Jahre um einen Stammplatz rang, schrieb sie: »Nach München war Scholl gekommen, um mehr zu werden als nur ein Schwarm weiblicher Teenager. Doch beim FC Bayern fanden sie selten den pädagogischen Mittelweg zwischen Zuckerbrot und Peitsche. Mal galt an der Elite-Uni des deutschen Fußballs Narrenfreiheit, mal wurde Scholl in seinem Spieltrieb unnötig eingeschränkt.«

Seinen Frust ließ Scholl vorwiegend an den Trainern ab. Einen wie ihn, dem der »Sportinformationsdienst« zutraute, einmal in die Fußstapfen eines Wolfgang Overath oder Günter Netzer zu treten, mußte es wurmen, daß er, bald 24 Jahre alt, während der WM 1994 zu Hause herumsaß, während weniger begabte Kicker in Amerika antreten durften. Auch nach dem Turnier kam Scholl nicht zum Zuge. Er mußte erleben, daß robustere Spielertypen vom Schlage eines Ralf Weber, Dieter Eilts, Steffen Freund oder Jens Todt vor ihm bei Vogts debütieren durften, und machte dafür den Vogts-Assistenten Rainer Bonhof verantwortlich: »Der hat keine Ahnung von Fußball. Wenn die halbe DFB-Delegation so denkt wie er, dann werde ich nie eine Chance in der Nationalmannschaft bekommen.« Deutliche Worte, die ihm sicherlich nicht zu seinem Vorteil gereichten.

»Rehhagel oder ich«

Im Verein kabbelte er sich mit Erich Ribbeck und Otto Rehhagel. Zwischen dem Law-and-Order-Man Ribbeck

»Mein Roberto Baggio heißt Mehmet Scholl.«
(Giovanni Trapattoni)

Mehmet Scholl

KARRIERE-HIGHLIGHTS

Schöner kann eine Karriere nicht beginnen: Im April 1990 schickt KSC-Trainer Winfried Schäfer den Gymnasiasten Mehmet Scholl, der im Sommer 1991 sein Abitur machte (Sport: 1, Englisch: 2, Gesamtnote: 2,4), im Bundesligaspiel in Köln die letzten zwölf Minuten für Michael Harforth auf das Spielfeld. Kurz vor dem Schlußpfiff fällt das 5:0: Helmut Hermann zieht an Thomas Häßler vorbei, der drei Tage nach dem UEFA-Pokal-Spiel gegen Juventus Turin nicht in der Lage ist, seinem Gegenspieler Paroli zu bieten, Scholl nimmt seine Flanke an und dirigiert den Ball mit dem Innenrist des rechten Fußes an Illgner vorbei ins Netz.

1990/91 spielte sich Scholl ins Rampenlicht, 1992 war er für den KSC nicht mehr zu halten. Uli Hoeneß holte den »Zauberlehrling« zum Rekordmeister, bei dem der pfiffige Badener zunächst mit einigen Startschwierigkeiten zu kämpfen hatte. In der Saison 1993/94 trug er dann wesentlich zum Gewinn der **Deutschen Meisterschaft** bei. Wie der Kolumbianer Valencia erzielte er elf Tore und erreichte damit die Spitze der klubinternen Torjägerliste. Kampfgeist und Nervenstärke bewies er in der Saison 1995/96. Trotz ständiger Auseinandersetzungen mit Trainer Otto Rehhagel, der ihn auch schon mal auf die Ersatzbank setzte, avancierte er zum **Bayern-Spieler des Jahres**. »kicker-Sportmagazin« gestand Scholl den Top-Platz in der Rangliste der offensiven Mittelfeldspieler zu, und in der Rubrik »Internationale Klasse« rangierte er vor Andreas Möller und Jiri Nemec. Am Gewinn des **UEFA-Pokals** 1996 hatte Scholl ganz besonders großen Anteil: Im Halbfinal-Hinspiel gegen den FC Barcelona steuerte er einen Treffer zum 2:2 bei und im Rückspiel, das die Bayern sensationell mit 2:1 gewannen, lieferte er die Vorlagen zu den Toren von Babbel und Witeczek. Genauso eindrucksvoll trumpfte das Leichtgewicht (1,77 m, 66,5 kg) in den Finals gegen Girondins Bordeaux auf: In München schloß er ein begeisterndes Dribbling mit dem Tor zum 2:0-Endstand ab, und beim 3:1-Rückspielsieg in Frankreich legte er das 1:0 vor und anschließend dem Bulgaren Kostadinov zum 2:0 auf.

Bei der **EM in England** 1996 beobachtete er die Gruppenspiele als Zuschauer, kam dann aber für den indisponierten Thomas Häßler in die Mannschaft und verteidigte seinen Platz mit guten Spielen gegen Kroatien und England bis zum Finale, wo er in der 69. Minute beim Stand von 0:1 das Feld für Oliver Bierhoff räumen mußte, der dann Deutschland mit seinen beiden Toren zum **Europameister** machte.

Mehmet Scholl

DATEN UND FAKTEN

Geboren am 16. Oktober 1970
Geburtsort: Karlsruhe

Klubs: SV Nordwest Karlsruhe (bis 1984), Karlsruher SC (1984 – 1992), Bayern München (seit 1992)
Mit FC Bayern Deutscher Meister 1994 und UEFA-Pokal-Sieger 1996
14 Länderspiele (1 Tor)
Europameister 1996

Rechte Seite: Da hat Eric Wynalda vom VfL Bochum keine Chance. Thomas Helmer und Mehmet Scholl sorgen dafür, daß der Ball im Besitz des FC Bayern München bleibt.

und dem Filou aus dem Badischen stimmte die Chemie ebensowenig wie zwischen ihm und dem »Eisernen Otto«. Im Zorn warf Scholl Ribbeck schon einmal den Ball und Rehhagel ironische Worte (»Ich lese Konsalik, aber auch Kafka, Rehhagel ist nicht der einzige Gebildete bei Bayern.«) an den Kopf. Nachdem er mit der Forderung »Rehhagel oder ich« an die Öffentlichkeit gegangen war, nahm sich schließlich sogar Franz Beckenbauer, ein ausgesprochener Fan seiner Spielweise, den vorlauten Spund zur Brust. Spannungen blieben bestehen. Auch wenn Scholl nach dem Achillessehnenriß von Lothar Matthäus im Januar 1995 zur zentralen Figur im Bayern-Mittelfeld aufstieg und damit in der Hackordnung ein paar Stufen auf

LIEBLING DER FANS

Aus einer Umfrage des »Bayern-Magazins« nach dem beliebtesten Bayern-Spieler ging im Herbst 1996 Mehmet Scholl, der als Jugendlicher einmal Zweiter bei der Deutschen Mannschaftsmeisterschaft im Sportkegeln war, als souveräner Sieger hervor: 49,7 Prozent der Fans entschieden sich für den Dribbelkünstler. Den zweiten Platz belegte Lothar Matthäus (15,9 Prozent) vor Jürgen Klinsmann (13,1), Thomas Helmer (5,5) und Oliver Kahn (5,3).

TYPISCH SCHOLL

Als das Boulevardblatt »Bunte« den Bayern-Star in einem Interview einmal zu seiner Kindheit befragte, antwortete Scholl: »Mein Erzeuger hat sich aus dem Staub gemacht, als ich fünf Jahre alt war. Er hat auch keinen Unterhalt gezahlt. Eine türkische Zeitung hat ihn aufgespürt, wollte uns zusammenbringen. Nein, null Bock. Dieser Mann ist ein Fremder, der mich lediglich gezeugt hat.«

einmal nahm, atmete er erst auf, als Trainer Giovanni Trapattoni zum FC Bayern zurückkehrte. Bei dem feinfühligen Italiener hatte sich Scholl schon in dessen erstem Bayern-Jahr bestens aufgehoben gefühlt.

Ein starkes Plädoyer

Seit dem Länderspielsieg im Oktober 1996 gegen Armenien ist Scholl auch in der Nationalmannschaft eine feste Größe. »Mehmet hat ein gutes Spiel gemacht. Er war das Bindeglied zwischen den Stürmern und den Defensivspielern. Das ist die wichtigste Position.« lobte der Bundestrainer. Und Bayern-Sportdirektor Karl-Heinz Rummenigge hält es nach Scholls überzeugendem Auftritt in Eriwan für denkbar, daß dieser dem Dortmunder Andreas Möller den Platz in der Nationalmannschaft streitig machen wird: »Der Möller hat vier große Turniere in den Sand gesetzt. Dem Scholl gehört die Zukunft; das ist doch klar.« – Ein starkes Plädoyer für einen Spieler, der Leuchtfarbe in die Bundesliga bringt, und von dem sein großer Förderer Winfried Schäfer einst sagte: »Der Scholli ist rotzfrech, aber genau das kommt seinem Spiel zugute.«

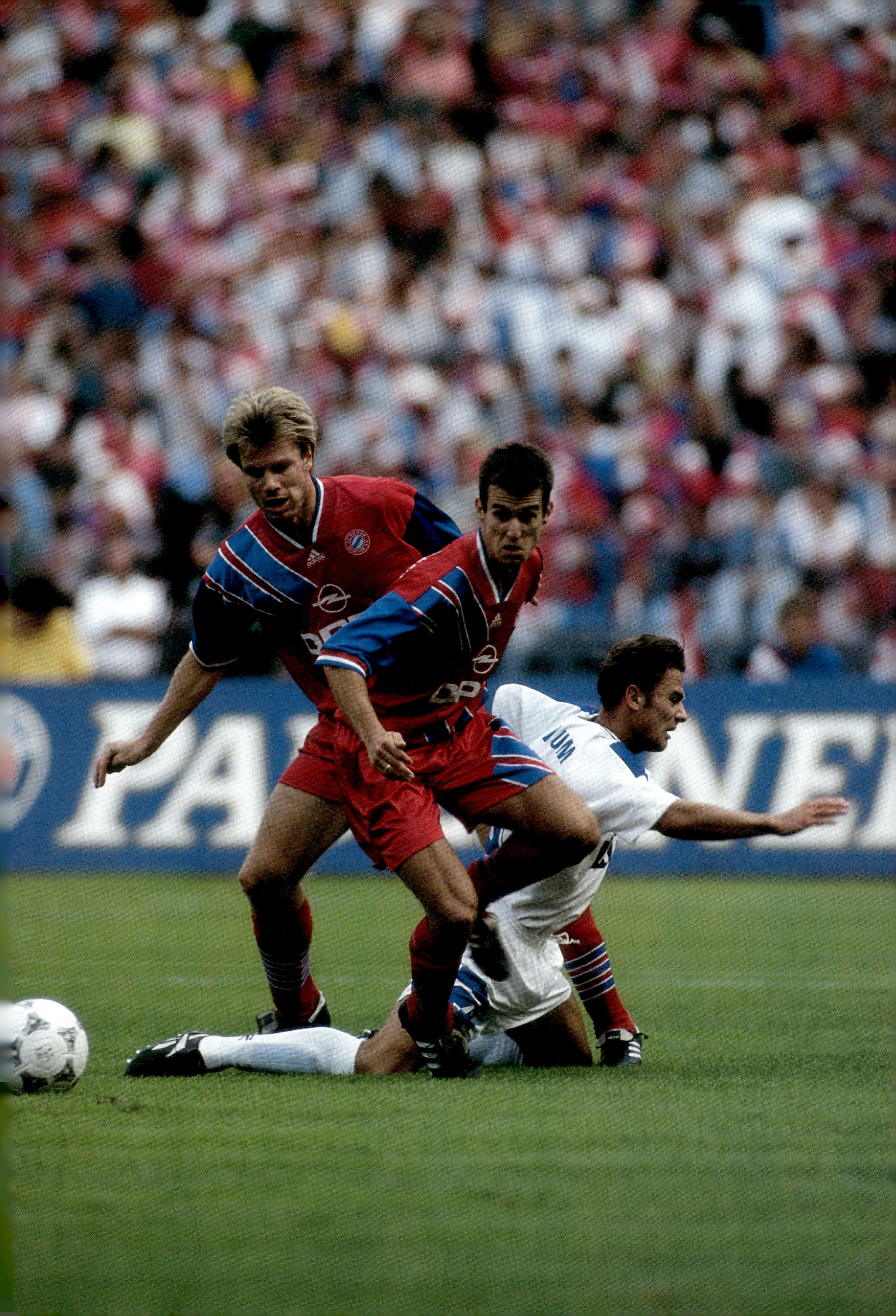

TOP 20

Paulo Sergio liebt das große Drama: Nach einem Tor fällt der Brasilianer auf die Knie und dankt dem Allmächtigen für seinen Beistand.

PAULO SERGIO

Künstler, Kämpfer und gefährlicher Torschütze

»Der Sergio ist multibegabt und auf dem besten Wege, ein Riesenfußballer zu werden.« (Christoph Daum)

Spieler seiner Güteklasse gibt es selbst in Brasilien nur wenige. Und wäre der Bayer-Beauftragte Heinz Prellwitz nicht allen Interessenten zuvorgekommen, wär Paulo Sergio sicher eher bei einem der europäischen Starklubs gelandet. Prellwitz, der in der Vergangenheit auch die Transfers von Tita und Jorginho eingefädelt hatte, beobachtete den Spieler des brasilianischen Renommierklubs Corinthians São Paulo im Auftrag Bayer Leverkusens ein ganzes Jahr lang. Nach dieser Zeit stand für den Klub fest: »Sergio ist ein Mann für die Bundesliga.« Im Juli 1993 kam es zur Vertragsunterzeichnung; Bayer und Corinthians einigten sich auf eine Ablösesumme in Höhe von 2,4 Millionen Mark. Bei der anschließenden Pressekonferenz ließ Sergio treuherzig verlauten: »Zehn Tage vor der Unterschrift hatte ich den ersten Kontakt zu Bayer Leverkusen. Vorher hatte ich nie etwas von dem Verein gehört.« Sein Nationalspielerkollege Jorginho, in den Jahren 1989 bis 1992 Bayer-Profi, hatte dem Landsmann empfohlen, das Angebot anzunehmen.

Fulminanter Bundesligastart

Von Schuster mit feinen und präzisen Pässen in den Strafraum geschickt, legte Sergio eine Eröffnungssaison hin, die alle Erwartungen übertraf. Die Bayer-Fans erlebten den Modellathleten nicht nur als Ballkünstler und großen Kämpfer, sondern auch als brandgefährlichen Torschützen. Wenn er im Sprinttempo – Sergio läuft die 100 Meter in elf Sekunden – auf das Tor zusteuerte, gab es kaum Gelegenheit den Angreifer korrekt vom Ball zu trennen. Unvergessen bleibt ein Bundesligaspiel im November 1993 in Stuttgart, in dem Sergio die Abwehr des VfB völlig durcheinanderwirbelte und den Ball dreimal in Eike Immels Kasten bugsierte.

Frohnatur Sergio begeisterte das Publikum und beschämte mit seinen vielen Toren (insgesamt 17 in der Saison 1993/94) die ehemaligen DDR-Stür-

KARRIERE-HIGHLIGHTS

Als Straßenfußballer von den Talentespähern des brasilianischen Topklubs Corinthinas São Paulo entdeckt, erhielt Paulo Sergio mit 19 seinen ersten Profivertrag. Mit 21 wurde er 1990 **Landesmeister**.
Ein Jahr später debütierte er in der Nationalmannschaft, in der er sich bei der starken Mittelfeldkonkurrenz – Rai, Branco, Zinho, Cafu – jedoch bisher noch nicht durchsetzen konnte. Gegen Deutschland durfte er im November 1993 in Köln (1:2) die letzten 22 Minuten für Valber stürmen. Bei der **WM in den USA 1994** kam Sergio in den Vorrundenspielen gegen Kamerun (3:0) in der 76. Minute für Zinho, gegen Schweden (1:1) in der 83. Minute für Rai, den Bruder des berühmten Socrates, auf den Platz.
In seiner ersten Saison in Leverkusen setzte er sich an der Seite von Bernd Schuster prächtig in Szene. Mit 17 Treffern war er der erfolgreichste Torschütze des Vereins, vor den Stürmern Kirsten (12) und Thom (8), und lag damit nur einen Zähler hinter den Bundesliga-Torschützenkönigen Anthony Yeboah und Stefan Kuntz. Trotz ständiger Positionswechsel brachte er es auch in der zweiten Saison auf neun Treffer und belegte hinter Völler (16) und Kirsten (15) klubintern Platz drei.
Im **Europapokal der Pokalsieger** erreichte er mit Bayer 1994 das Viertelfinale, wo Benfica Lissabon (1:1 und 4:4) Endstation war.
Im **UEFA-Pokal** drang Bayer ein Jahr später sogar ins Halbfinale vor. Dabei erzielte Sergio gegen den späteren Pokalgewinner AC Parma (1:2 und 0:3) das einzige Tor für das Konzernteam.

Mit Bernd Schuster als Paßgeber erzielte Paulo Sergio für Bayer Leverkusen Tore am laufenden Band ... und feierte seine Erfolge entsprechend.

Paulo Sergio

»Vom Talent her eine Mischung aus Flipperkugel und Rakete.« (Fachmagazin »Toor«)

mer Ulf Kirsten und Andreas Thom, die eigentlich dafür zuständig waren. Doch wo Licht ist, ist auch Schatten. Sergio verdarb sich bei vielen Gegnern alle Sympathien, weil er nach beinahe jedem Foul auf den Schiedsrichter zustürzte und die Höchststrafe für den Übeltäter forderte. Man unterstellte ihm, ein »Schwalbenkönig« zu sein. Solch kleine Schwächen konnten freilich den starken Gesamteindruck nicht trüben. Auch Berti Vogts sah in Sergio »eine Bereicherung für die Bundesliga«, und in seiner Heimat berief ihn Nationaltrainer Carlos Parreira ins WM-Aufgebot für Amerika.

Ehe das zweite Jahr begann, mahnte Werner Köster, Sergios Interessenvertreter in Deutschland, eine Gehaltserhöhung an. Ihm mißfiel, daß Kirsten und Thom doppelt soviel verdienten wie sein Mandant. Doch Bayer ließ sich Zeit. Als der Klub Ende 1994 endlich bereit war, die Jahresgage auf 800 000 Mark zu erhöhen, hatte Sergio eigentlich keine Lust mehr, länger in Leverkusen zu bleiben. Trainer Stepanovic hatte den Spieler mit seiner ruppigen Art verprellt und oft ignoriert. Nur gutes Zureden seines Freundes Heinz Prellwitz und seiner Frau Merly, der es in Leverkusen gefiel, konnten ihn schließlich zur Vertragsverlängerung bewegen.

Ärger auch mit Ribbeck

Als Stepanovic im April 1995 den Laufpaß bekam, schöpfte der Brasilianer neue Hoffnung. Doch auch der Nachfolger des Serben enttäuschte ihn. Trainerpensionär Erich Ribbeck, von Rainer Calmund mit viel Geld zum Comeback in der Bundesliga überredet, änderte das System. Ribbeck entmachtete Altstar Bernd Schuster und legte Sergio Fesseln an. Der mußte im Mittelfeld Deckungsarbeit leisten, und dadurch wurde die Mannschaft um seine glänzenden Paraden im Offensivspiel gebracht. Diese Reorganisation war so erfolglos, daß Ribbeck ging und Bayer mit Kotrainer

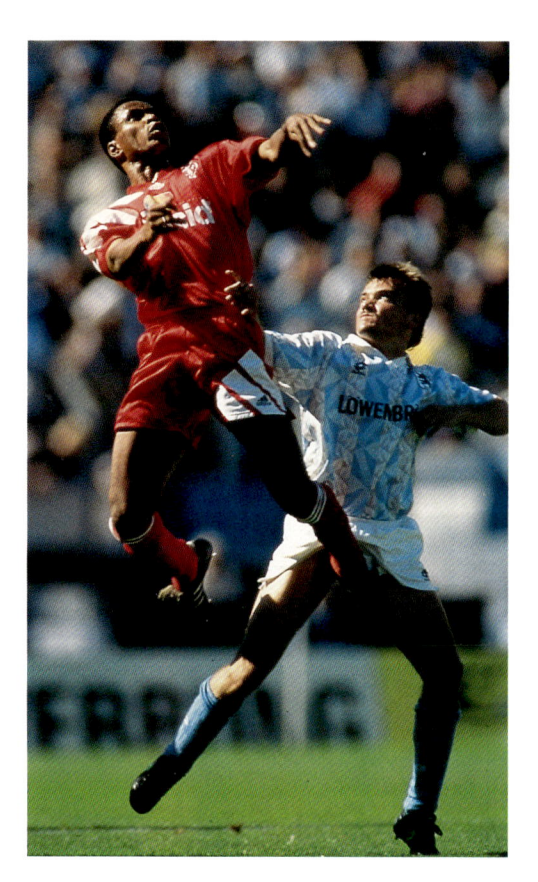

Unter Christoph Daum als Trainer erreichte Paulo Sergio ein Leistungsniveau, das zahlreiche ausländische Clubmanager hellhörig werden ließ.

DATEN UND FAKTEN

Geboren am 2. Juni 1969
Geburtsort: São Paulo

Klubs: Corinthians São Paulo (1982–1993), Bayer Leverkusen (1993–1997), AS Rom (seit 1997)
Mit São Paulo Landesmeister 1990
12 Länderspiele (2 Tore)
WM-Teilnehmer 1994

Peter Hermann in der Schlußphase der Saison 95/96 sogar gegen den Abstieg kämpfen mußte. Erst am letzten Spieltag fiel die Entscheidung: Markus Münch rettete den Klub mit seinem Tor zum 1:1 und schickte Kaiserslautern in die zweite Liga.

Daums Therapie

Seine Freude am Spiel gewann Sergio dann in der Saison 1996/97 unter Trainer Christoph Daum zurück. Dem gebürtigen Sachsen, dessen psychologische Kniffe bekannt sind, gelang es, Sergio zu Höchstleistungen zu motivieren. Mit der provokanten Bemerkung, Sergio gehe nicht an sein Limit, tauschte er ihn im 4:2-Eröffnungsspiel gegen Meister Borussia Dortmund zur Halbzeit gegen Nico Kovac aus, und gegen München 1860 ließ Daum den Brasilianer 58 Minuten zappeln, ehe er ihn für Hans-Peter Lehnhoff auf den Rasen schickte.

Das Ergebnis konnte sich sehen lassen: Sergio wurde zur zentralen Figur eines jungen Bayer-Teams, das frischen Wind in die Bundesliga brachte und der Konkurrenz kräftig den Marsch blies. Von Deckungsarbeit befreit – diese Pflicht übernahm sein Landsmann Zé Elias –, dirigierte Sergio das Spiel seiner Mannschaft und trat auch als Torschütze wieder stärker in Erscheinung.

Lange vor Schluß der Hinspielrunde meldeten sich erste Bewerber bei Sergio-Berater Werner Köster. Bayer Leverkusen bot dem begehrten Spieler einen Dreijahresvertrag mit Konditionen, die ihn auf Platz eins der klubinternen Gehaltsliste befördert hätten. Doch der Brasilianer zog ein noch besseres Angebot des italienischen Starklubs AS Rom vor.

Zwei Könner der Bundesliga in einer spektakulären Szene: Paulo Sergio und Torhüter Uli Stein von Arminia Bielefeld.

TOP 20

OLAF THON

Ein Schalker Idol

Schon mit 18 Jahren trat Olaf Thon ins Rampenlicht der Bundesliga: Als Amateur schoß er drei Tore im 6:6-Pokalkrimi FC Schalke 04 gegen Bayern München. Ein halbes Jahr später holte Franz Beckenbauer den Jungprofi in die Nationalmannschaft.

»Man sollte es nicht glauben: Der kleine Thon ist ein ausgesprochener Kopfballspezialist.« (Udo Lattek)

An einem milden Frühlingsabend im Mai 1984 ging sein Stern auf: Schalke 04, damals in der zweiten Liga, spielte im DFB-Pokal-Halbfinale gegen den FC Bayern München, und Olaf Thon, damals gerade 18 geworden und noch Amateur, erzielte drei Tore. Mit dem letzten sorgte er für eine große Überraschung: In der 122. Minute beim Stand von 6:5 wandte Bayern-Trainer Lattek dem Geschehen schon triumphierend den Rücken, als noch ein weiterer Freistoß gepfiffen wurde. Hoch flog der Ball. Olaf Thon köpfte ein – Endstand 6:6.

Enorme Sprungkraft

Dieses Spiel veränderte Olaf Thons Leben mit einem Schlag. Plötzlich interessierte sich ganz Deutschland für das Talent und dessen enorme Sprungkraft. Der Spieler lieferte eine Erklärung: »In der Schulzeit, zwischen zwölf und 14, mußten wir beim TSV Horst-Emscher an das Kopfballpendel. So lange, bis wir uns blutige Nasen holten. Vor allem das Timing wurde geschult.«

Nach dem Auftritt im Parkstadion wuchs das Selbstvertrauen des Vielgepriesenen enorm. Bis dahin war es nicht besonders ausgeprägt gewesen. Der Arbeitersohn hatte, bevor er in Schalke anfing, von den Gelsenkirchener Stadtwerken die Option zur Rückkehr in das zweite Lehrjahr als Hochdruck-Rohrschweißer erbeten. Dann gelang den Schalkern jedoch der Aufstieg in die Bundesliga. Ihm folgte im Dezember 1984 Thons Debüt in der Nationalmannschaft. Niemand wunderte sich, daß Franz Beckenbauer dem 20jährigen 1986 ein WM-Ticket in die Hand drückte. In zehn Länderspielen hatte er seine große Begabung hinreichend bewiesen.

Muskelriß in Mexiko

Voreilig feierten die Massenmedien den Schalker, der alle Voraussetzungen für einen Weltklassespieler mitbrachte, als neuen Wolfgang Overath und die Hoffnung auf eine bessere Zukunft des deutschen Fußballs. Doch noch ehe das erste Spiel angepfiffen war, saß Thon im Flieger nach Hause. Er hatte sich im Training einen Muskelfaserriß an der Wade zugezogen und darauf verzichtet, vor Ort zu bleiben, wofür ihn vor allem Torhüter Toni Schumacher heftig kritisierte.

Ein Jahr später wurden die beiden Kollegen. Nach der Veröffentlichung seines Buches »Anpfiff« vom 1. FC Köln fristlos entlassen, wurde der Kölner von Schalkes Präsident Günter Siebert verpflichtet. Doch weder Thons Tore – immerhin 14 in 28 Spielen – noch Schumachers Fangkünste konnten verhindern, daß Schalke 1988 wieder abstieg.

Vier Millionen für Schalke

Er verließ Schalke nur schweren Herzens. Die Fans bewunderten ihn als Spieler und schätzten ihn als Mensch. Zur Bescheidenheit erzogen, hatte Olaf Thon für seine vielen Verehrer stets ein offenes Ohr und ein freundliches Lächeln übrig.

Schon jetzt wird Olaf Thon, der hier eine Flanke des Argentiniers Rodolfo Cardoso abblockt, auf Schalke in einem Atemzug mit den legendären Fritz Szepan und Ernst Kuzorra genannt.

KARRIERE-HIGHLIGHTS

In der Saison 1983/84 mit 17 Jahren als Amateur in den Zweitligakader des FC Schalke aufgenommen, schoß Olaf Thon 14 Tore und brachte die Königsblauen damit in die Bundesliga. Seine Trefferquote blieb auch in der höchsten Spielklasse beachtlich. Mit jeweils zehn Treffern war der Spielgestalter in den ersten zwei Jahren hinter Klaus Täuber (18 und 16 Treffer) der zweitbeste Torschütze des Vereins. Auch in der Saison 1986/87 mußte er mit acht Toren nur einem, Jürgen Wegmann mit zehn Treffern, den Vortritt lassen. Im vierten Jahr wurde er mit 14 Toren (in 28 Spielen) schließlich Torschützenkönig des FC Schalke. Trotzdem stieg der Klub ab.
Franz Beckenbauer berief den 18jährigen im Dezember 1984 zum ersten Mal in die Nationalmannschaft. Auf Malta half er beim 3:2-Sieg in der zweiten Halbzeit (für den Hamburger Dietmar Jakobs) mit, zwei WM-Punkte zu holen. Ein jüngerer Debütant war nach dem Zweiten Weltkrieg nur Uwe Seeler gewesen.
In den sechs Jahren, die Thon für den FC Bayern spielte, gewann er zwei **Meistertitel** unter Trainer Jupp Heynckes und einen unter Interimstrainer Franz Beckenbauer, der ihn auch zu **zwei WM-Turnieren** mitnahm. In Italien erlebte Thon eine Enttäuschung: Obwohl er im Halbfinale gegen England ein Riesenspiel gezeigt und auch seinen Strafstoß im abschließenden Elfmeterschießen sicher verwandelt hatte, mußte er im Finale zuschauen. Schalke 04 führte Olaf Thon in der Saison 1995/96 nach jahrzehntelanger Durststrecke in den **UEFA-Pokal**.

Schalke-Chef Siebert hätte den begehrten Jungstar am liebsten ins Ausland verkauft – schon wegen der hohen Ablösesumme. Angebote aus Verona und von Atletico Madrid lagen vor. Doch DFB-Teamchef Franz Beckenbauer hatte Thon geraten, vorerst im Land zu bleiben.
Gewinner wurde so der FC Bayern, der überzeugt war, die an Schalke überwiesenen vier Millionen Mark gut investiert zu haben. Manager Uli Hoeneß und Trainer Jupp Heynckes sollten sich nicht irren. Thon gab dem Spiel der Bayern Pfiff und Durchschlagskraft. Im vorentscheidenden Spiel um die Meisterschaft in Köln stellte er die Weichen auf Sieg. Olaf Thon spielte im Mittelfeld besser als Pierre Littbarski und Thomas Häßler zusammen und brachte Wohlfarth und Kögl immer wieder in gute Schußpositionen. Am Ende hatte der FC Bayern im Müngersdorfer Stadion 3:1 gewonnen.

3 Tore gegen Köln

Auch in der Saison 1989/90 blieb der 1. FC Köln der große Widersacher der Bayern, und wieder zogen die Rheinländer den kürzeren. Beim 5:1 im Olympiastadion erzielte Thon drei Tore.
Danach freilich zeigte ihm das Fußballglück die kalte Schulter. An beiden Beinen rissen ihm die Bänder im Sprunggelenk, Heynckes mußte ein halbes Jahr auf ihn verzichten. »Auf der Position hinter den beiden Spitzen ist Olaf nicht zu ersetzen«, beklagte

DATEN UND FAKTEN

Geboren am 1. Mai 1966
Geburtsort: Gelsenkirchen-Beckhausen

Klubs: Beckhausen 05 (1974–1976), STV Horst-Emscher (1976–1980), FC Schalke 04 (1980–1988), FC Bayern München (1988–1994), FC Schalke 04 (seit 1994)

Mit Bayern Deutscher Meister 1989, 1990, 1994, mit Schalke UEFA-Pokal-Teilnehmer 1996/97
10 Jugendländerspiele
8 Länderspiele »U 21«
40 Länderspiele (3 Tore)
WM-Teilnehmer 1986 (ohne Einsatz), 1990
EM-Teilnehmer 1988

der Trainer den Ausfall des Nationalspielers.

Mit großer Willenskraft wurde er rechtzeitig vor der WM 1990 wieder gesund. Aber nur einmal durfte er in Italien seine Spielstärke beweisen, im Halbfinale gegen England. Danach mußte er den Platz für den Kölner Littbarski räumen und zuschauen, wie das DFB-Team Weltmeister wurde. Auch beim FC Bayern lief nicht mehr alles nach Wunsch. Jupp Heynckes hatte den Fans nach dem zweiten Titelgewinn leichtsinnigerweise versprochen: »Jetzt holen wir den Europapokal« und deshalb sein Team mit Stefan Effenberg und Brian Laudrup aufgestockt. Damit legte er die Lunte für anhaltende Querelen, denn Effenberg machte Thon die Führungsrolle im Mittelfeld streitig. Von Machtkämpfen geschwächt wurde Bayern weder zum dritten Mal hintereinander Meister noch Europapokalsieger und Thon immer unzufriedener. Gern wäre er nach Heynckes' Abschied im Herbst 1991 zurück nach Schalke gegangen und auch der FC Bayern wäre damit einverstanden gewesen, doch Schalkes neuer Präsident Günter Eichberg winkte ab: »Der Olaf packt es nicht mehr.«

Eine zweite Karriere

In München aber formierte sich eine Lobby für Thon. Mannschaftskapitän Raimond Aumann, Toni Schumacher – nach seiner Rückkehr aus der Türkei von Uli Hoeneß als Nothelfer eingekauft – und Kotrainer Hermann Gerland schlugen Trainer Sören Lerby vor, Thon aus dem Mittelfeld abzuziehen und einmal als Libero auszuprobieren. Erich Ribbeck, im März 1992 als Nachfolger des Dänen engagiert, tat es. Das Ergebnis war sensationell. »Die folgenden sechs Monate wurden zum bisher atemberaubendsten Kapitel in der Karriere des Fußballprofis Olaf Thon. Oder besser: Zum Auftakt einer zweiten, glanzvollen Karriere«, urteilte Jörg Marwedel in der »Welt am Sonntag«.

Thon leistete auf dieser Position so überzeugende Arbeit, daß Ribbeck das Begehren des Dortmunder Neuzugangs Thomas Helmer rundweg ablehnte, der Anspruch auf den Liberoposten erhob. In Italien-Rückkehrer Lothar Matthäus fand Thon einen Verbündeten: »Olaf ist zur Zeit der weltbeste Libero. Er gehört auch in der Nationalelf auf diese Position.« Berti Vogts sah es ähnlich und wagte eine Woche später in Dresden im Länderspiel gegen Mexiko einen Versuch. Die Kritiker waren begeistert. »Der 24. Libero der Nach-Beckenbauer-Ära ließ die Hoffnung aufkeimen, daß er für die nächste Zeit die Nummer eins sein

Auf der Anzeigetafel im Gelsenkirchener Parkstadion ein gewohntes Bild: Olaf Thon als Torschütze.

»Deutschlands letzter Straßenfußballer.« (Max Merkel)

Olaf Thon

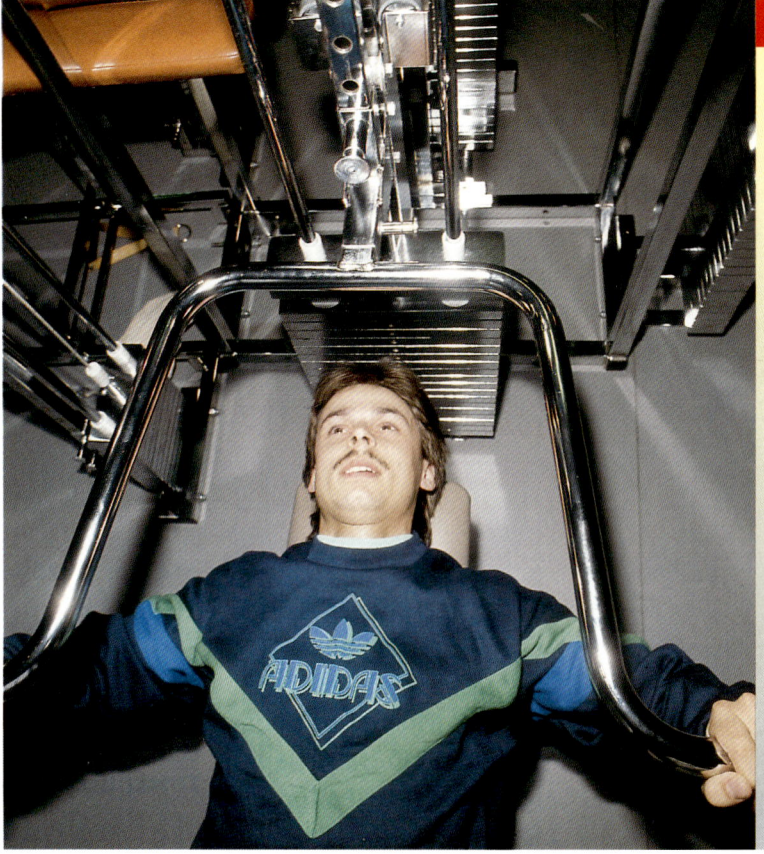

TOUR DER LEIDEN

In der Bundesliga hält Olaf Thon mit mehr als 30 Verletzungen einen traurigen Rekord, achtmal landete er auf dem Operationstisch: Jochbeinbruch, zweimal die Schulter ausgekugelt, Schulterkapselsprengung mit Operation, verschobener Rückenwirbel, drei Leistenzerrungen, Leistenoperation, Muskelbündelriß im rechten Oberschenkel, Knochenhautentzündung am Knie, Verhärtung der Kniekehle, Innenbandanriß im rechten Knie, Meniskuseinriß im rechten Knie mit Operation, Schleimbeutelentzündung in der Kniekehle mit drei Eingriffen, Syndesmoseriß (Sehne zwischen Schien- und Wadenbein), fünf Wadenmuskelverhärtungen durch Wirbelsäulenprobleme, doppelter Außenbandriß im rechten Sprunggelenk, doppelter Bänderriß im linken Sprunggelenk mit Operation, Bänderriß im rechten Sprunggelenk, Kapselriß und Bändereinriß im rechten Sprunggelenk, Bänderriß im linken Sprunggelenk, Schleimbeutelentzündung an der Ferse mit Operation, Rißwunde am Knöchel rechts.

kann. Die Selbstsicherheit, mit der Thon in der Bundesliga auftrumpfte, rettet er ins Nationalteam hinüber. Ihm zuzuschauen, macht Spaß«, resümierte Ulrich Dost in der »Welt«.

Rückkehr

Olaf Thon hielt seine Form. Doch als alle Diskussionen um den WM-Libero für Amerika bereits verstummt waren, passierte es: Im September 1993 erlitt der große Favorit Olaf Thon in Duisburg einen Muskelbündelriß und mußte seine WM-Pläne begraben. Als neuer Libero für Klub und Nationalmannschaft aber wurde der Mann entdeckt, der sich für Thon so stark gemacht hatte: Lothar Matthäus.

Thon blieb nur das Warten auf bessere Zeiten. 1994 hatte Schalke-Manager Rudi Assauer die geforderten 2,5 Millionen Mark zusammen, um ihn an die frühere Wirkungsstätte zurückzuholen. Der Erfolg war frappierend: Mit Thon als Libero gewann die Mannschaft deutlich an Format und in der Saison 1995/96 sogar einen UEFA-Pokal-Platz.

Tritt Olaf Thon irgendwann als Bundesligaspieler ab, wird er sich mit Sicherheit weiter für Schalke engagieren, und eines Tages wird sein Porträt, in Öl gemalt, neben dem legendären Schwagerpaar Fritz Szepan und Ernst Kuzzora im Klubhaus an der Wand hängen. Denn in Schalke ist Olaf Thon inwischen zum Idol geworden.

CHRISTIAN ZIEGE

TOP 20

The next Generation

Zwei Karrieren, die sich gleichen: Keß und selbstbewußt gab Pierre Littbarski, gerade mal 18, bei Trainer-Guru Hennes Weisweiler 1978 in Köln sein Debüt im bezahlten Fußball, und ebenso forsch und respektlos betrat zwölf Jahre später sein Berliner Landsmann Christian Ziege, gerade mal 18, die Bundesligabühne. Beim Branchenprimus Bayern München wurde er vom Weisweiler-Schüler Jupp Heynckes geformt und gefördert.

So wie Litti nicht vor den Kölner Platzhirschen kuschte, so zog auch Ziege den Kopf nicht ein vor den Münchner Häuptlingen Klaus Augenthaler, Olaf Thon, Stefan Effenberg, Brian Laudrup, Thomas Strunz oder Roland Wohlfarth. Recht schnell merkten die Altvorderen, daß einer wie Ziege sich nicht mit einer Nebenrolle zufriedengeben würde. »Der ist weiter, als wir in seinem Alter waren«, stellte Kapitän Augenthaler fest.

Die Karriere begann im Tor

Schon mit 13 galt er als ein höchst vielseitiges Talent und durfte in der nächsthöheren Altersklasse spielen. Als Knirps stand er beinahe drei Jahre

»Der genialste Linksfuß Deutschlands«: Christian Ziege, beim FC Bayern in der Tradition von Paul Breitner und Andreas Brehme.

Christian Ziege

GUTE TATEN

Regelmäßig überweist Christian Ziege DFB-Präsident Egidius Braun einen Scheck für dessen Mexiko-Hilfe, und seine ehemalige Freundin, die die Schule abgebrochen hatte, um 1990 mit ihm aus Berlin nach München zu kommen, unterstützte er nach der Trennung bis zu ihrem Schulabschluß in München.

lang beim FC Südstern 08 im Tor und war dabei langsam, aber sicher zu der Erkenntnis gelangt, daß er hier eher fehl am Platz sei. »Wir haben häufig zweistellig verloren; da hat es keinen Spaß mehr gemacht«, erinnert er sich.

Kritik an Beckenbauer

Gefördert von Bayern-Manager Uli Hoeneß, der ihm recht bald das Zeugnis »bundesligatauglich« ausstellte, präsentierte sich der aufgeweckte Jungprofi, der nach der 12. Klasse das Gymnasium verlassen hatte, gelegentlich als arroganter Schnösel. Seine Chuzpe bekam sogar Franz Beckenbauer zu spüren. Der Kaiser, in der bisher größten sportlichen Krise des Vereins zum 2. Vorsitzenden bestellt, setzte Ziege als Libero ab – die Abwehr sei zu jung und zu unerfahren –, was der Spieler öffentlich als ungerechtfertigt bezeichnete. Er hatte immerhin Weltmeister Thomas Berthold als Abwehrchef verdrängt und fühlte sich als legitimierter Nachfolger des zurückgetretenen Klaus Augenthaler. Nicht frei von Schadenfreude registrierte er, daß weder Thomas Strunz noch Olaf Thon oder der Holländer Jan Wouters der Abwehr des FC Bayern die erhoffte Stabilität geben konnten. 61 Gegentore kassierte die Mannschaft im Spieljahr 1991/92. Mehr standen nur bei Absteiger Fortuna Düsseldorf (69) und Beinahe-Absteiger Stuttgarter Kickers (64) zu Buche.

KARRIERE-HIGHLIGHTS

Rechte Seite: Konfrontationen ging Christian Ziege in sieben Jahren beim FC Bayern München nie aus dem Weg. Auch Franz Beckenbauer bekam seine Chuzpe zu spüren.

Der Erfolg kam schnell: 1988 gewann Christian Ziege, 16 Jahre jung, mit Hertha-Zehlendorf, durch einen 2:1-Sieg über den VfB Stuttgart die **Deutsche Meisterschaft der B-Jugend**. In der **Jugendnationalmannschaft** und in der **»U 21«** erkämpfte er sich einen Stammplatz. Das große Los im Kampf um das Supertalent zog Bayern-Manager Uli Hoeneß, der 1990 gerade mal 50 000 Mark für Ziege zahlen mußte.
Im Viertelfinale des **Europapokals der Landesmeister** spielte sich Ziege im Frühjahr 1991 das erste Mal ins internationale Rampenlicht. Die Tore zum unerwarteten 2:0 der Bayern beim FC Porto, das Hinspiel war 1:1 ausgegangen, waren ihm und Manfred Bender zu verdanken, zwei echten Nobodies.
Im Juni 1993 durfte der 21jährige, der in der sportlichen Entwicklung seinen Altersgenossen immer einen Schritt voraus war, beim **US-Cup** seinen Einstand in der Nationalmannschaft geben. Nach den drei Spielen gegen Brasilien (3:3), gegen die USA (4:3) und gegen England (2:1) feierten ihn Berti Vogts und die Medien als die Entdeckung dieses Turniers und als Spieler der Saison. Im darauffolgenden Jahr wurde er mit Bayern München **Deutscher Meister**, aber gravierende Verletzungen drosselten seinen Höhenflug. Ein Außenbandabriß brachte ihn um die WM 1994, ein Leistenbruch folgte zu Beginn der Saison 1994/95. Dank Giovanni Trapattoni, der 1994 das Training in München übernommen hatte, faßte Ziege wieder Tritt. Mit zwölf Toren wurde er sogar noch bester Torschütze des FC Bayern.
Die Saison 1995/96 entschädigte ihn für viele Nackenschläge. Mit dem FC Bayern wurde er **UEFA-Pokal-Sieger**, mit der Nationalmannschaft **Europameister**.
Ein Extralob bekam der Berliner nach dem 2:0-Eröffnungsspiel gegen Tschechien von der ehrwürdigen »Times«: »Der Star hieß Christian Ziege, ein angreifender Verteidiger in der Tradition von Breitner und Brehme.« Ziege hatte in der 26. Minute das erste von insgesamt zehn deutschen EM-Toren erzielt, ein flottes Solo mit einem knallharten Schuß abgeschlossen. Auch im Elfmeterschießen gegen England im Halbfinale bewährte er sich als nervenstarker Vollstrecker: Ziege verwandelte seinen Strafstoß zum 4:4.

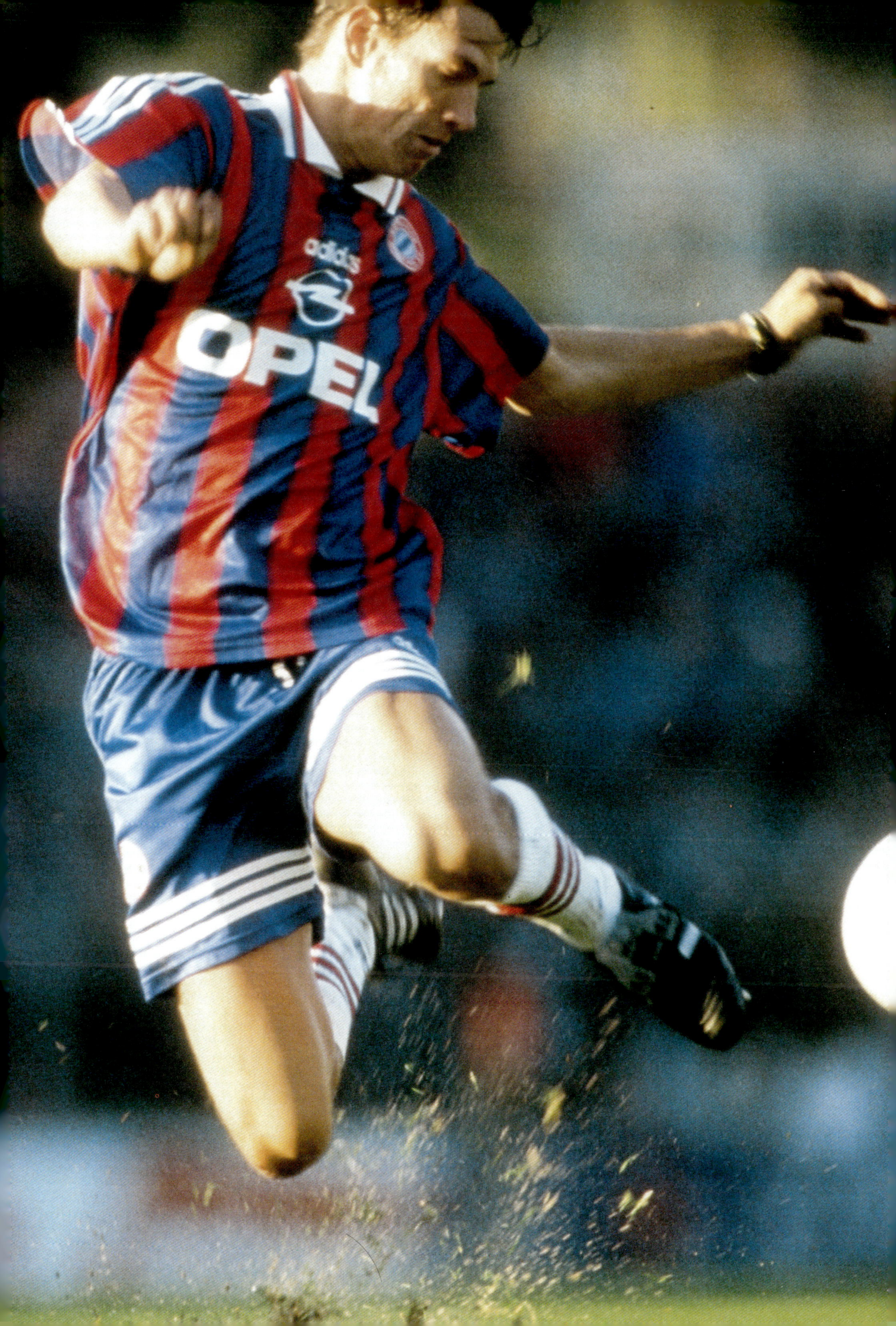
adidas
OPEL

Christian Ziege

»Der deutsche Maldini. Wenn er lernt, rechtzeitig nach hinten zu kommen, ist er sogar stärker als Italiens Kapitän.« (Lothar Matthäus)

Den Titelgewinn des FC Bayern 1994 feierte Christian Ziege als Patient: Wochen zuvor hatte er einen Außenbandabriß am Knöchel erlitten.

DATEN UND FAKTEN

Geboren am 1. Februar 1972
Geburtsort: Berlin

Klubs: FC Südstern 08 (1978–1981), TSV Rudow (1981–1985), Hertha Zehlendorf (1985–1990), Bayern München (1990–1997), AC Mailand (seit 1997)
Mit Hertha Zehlendorf Deutscher Meister der B-Jugend 1988
Mit FC Bayern Deutscher Meister 1994, UEFA-Pokal-Sieger 1996
12 Länderspiele mit der »U 21«
11 Jugendländerspiele
28 Länderspiele (3 Tore)
Europameister 1996

Ins Abseits rutschte Ziege aber keineswegs. Schließlich war er vielseitig verwendbar, und bei Italien-Rückkehrer Lothar Matthäus, der bald wieder das Zepter im Bayern-Team schwang, stand er hoch im Kurs. Der Franke empfahl Berti Vogts den Berliner im Frühjahr 1993 als potentiellen Nachfolger für seinen Freund Andreas Brehme, der sich nach der EM 1992 das erste Mal aus der Nationalmannschaft verabschiedet hatte. »Der Christian ist eine echte Alternative auf der linken Seite«, sagte Matthäus und fand Gehör.

Vogts nahm Ziege im Juni mit zum US-Cup und sollte seinen Schritt nicht bereuen. Nach den Spielen gegen Brasilien (3:3), gegen die USA (4:3) und England (2:1) wurde der Debütant als die Entdeckung des Turniers und als Spieler der Saison gefeiert.

Doch der 21jährige konnte das Niveau nicht halten. Verletzungen und Formkrisen warfen ihn wieder zurück. Und als er endlich aus dem Leistungstal herausgefunden zu haben schien, brachte ihn ein Außenbandabriß am Knöchel des rechten Fußes um das sichere WM-Ticket nach Amerika: Im Bundesligaspiel beim 1. FC Kaiserslautern im April 1994 kollidierte er mit Martin Wagner, der dann an seiner Stelle mit zur WM reiste.

Vom Pech verfolgt

Auch in der Saison 1994/95 ließ das Pech nicht von ihm ab. Einem Leistenbruch folgte die vorübergehende Versetzung in die deutsche Nachwuchsmannschaft. Zum sportlichen Unglück gesellten sich private Probleme. »Viel Geld hatte ihm die schnelle Hochzeit (Freund Thomas Helmer war damals auf Mauritius Trauzeuge) und die noch schnellere Scheidung von seiner feurigen Ungarin Hilda gekostet. Und auch die Verbindung mit Freundin Geli stand nicht immer auf sicheren Beinen« schrieb »Sport-Bild«, überzeugt davon, daß der persönliche Kummer seine Leistungen beeinflußte, und weiter: »Mal der genialste Linksfuß Deutschlands, mal der Fehlpaß-König der Nation.« Erst

Giovanni Trapattoni gelang es, Ziege wieder zu motivieren. Mit Feingefühl und Geduld brachte ihn der Italiener wieder an die Bundesligaspitze. Und als die Saison vorbei war, hätte Trapattoni den Berliner am liebsten mit nach Italien genommen. Doch der FC Bayern legte sich quer.

Milans Millionen

Anderhalb Jahre später waren die Münchner machtlos. Es wurde bekannt, daß Zieges Vertrag eine Klausel enthielt, die einen Ausstieg möglich machte, wenn ein Klub mehr als zehn Millionen Mark Ablöse zahle. Und dazu waren gleich drei europäische Spitzenklubs bereit: der AC Mailand, der FC Barcelona und Juventus Turin – ein Indiz für den hohen internationalen Stellenwert des Bundesligastars.

Milan nahm im Spätherbst 1996 konkrete Verhandlungen auf. Die Zeitungen meldeten, daß der Klub des Medienmoguls Silvio Berlusconi den Berliner mit einem Dreijahresvertrag geködert habe, der Ziege ca. 3 Millionen Mark netto pro Saison garantierte. Die Versuche der Münchner, den Nationalspieler zu halten, mußten angesichts solcher Summen vergeblich bleiben. Verärgert darüber, daß Ziege das Bayern-Angebot mit stark angehobenen Bezügen ignorierte, ließ sich Vereinspräsident Beckenbauer zu dem Kommentar hinreißen: »Wenn Ziege nicht will, dann muß er eben gehen. Und wenn Ziege geht, dann spielt eben ein anderer, Markus Münch kann das auch.« – Ein Satz, der einen Spieler mit einem solchen Potential und einer derartigen Erfolgsbilanz empfindlich treffen mußte.

Die Saison 1996/97 sollte für Christian Ziege in München zum Abschiedsjahr werden. Einer Offerte des AC Mailand konnte der Berliner nicht widerstehen.

Register

1860 München TSV 23, 37, 46, 50, 80, 84, 97, 98, 99, 100, 115

Admira/Wacker Wien 63, 66
Agnelli, Giovanni 27, 42
Akpoborie, Jonathan 34, 35
Alberto, Carlos 29
Alemão 27
Allgeier, Henry 40
Allgöwer, Karl 23, 102, 103
Allofs, Klaus 16, 78
Altafino, José 74
Alvaro, Cervera 68
Ammunike, Emanuel 11
Anderlecht RSC 59
Andersson, Patrik 40
Arminia Bielefeld 19, 32, 57, 60, 100, 115
Arnold, Marc 92
Arsenal London FC 40
Assauer, Rudi 120
Atletico Madrid 118
Augenthaler, Klaus 19, 52, 58, 121, 122
Aumann, Raimond 59, 72, 119
Austria Salzburg 68
AJ Auxerre 60

Babbel, Markus 59, 69, 109
Bad Cannstatt VfR 22
SC Bad Salzuflen 57, 60
Baggio, Dino 29, 92
Baggio, Roberto 29, 92, 94, 108
Bagnoli, Osvaldo 103
Bakirkoyspor 98
Balakov, Krassimir 7, 9, 10, 11, 12, 46, 50
Barcelona FC 109, 125
Baresi, Giuseppe 74
Barker, Clive 36
Basler, Anke 18
Basler, Mario 7, 13, 15, 16, 17, 18, 19, 66, 88, 96
Basten, Marco van 20, 26, 34
Bayer Leverkusen 18, 34, 35, 50, 59, 69, 88, 102, 103, 107, 112, 113, 114, 115
Bayern München FC 9, 16, 18, 19, 34, 35, 36, 37, 39, 40, 42, 44, 46, 50, 52, 57, 58, 59, 60, 62, 63, 65, 66, 69, 72, 73, 75, 78, 80, 82, 84, 88, 89, 96, 104, 107, 108, 109, 110, 116, 118, 119, 121, 122, 124, 125
Bayview Durban 36
Beckenbauer, Franz 18, 19, 28, 34, 40, 42, 46, 53, 58, 60, 63, 74, 75, 78, 82, 83, 84, 88, 89, 90, 92, 102, 103, 104, 106, 107, 110, 116, 118, 122, 125
Beckhausen 05 118
Bein, Uwe 90
Bender, Manfred 122
Benfica Lissabon 74, 113
Berg, Alfons 92
Bergomi, Giuseppe 74
Berlusconi, Silvio 125
Berthold, Thomas 52, 122
Berti, Nicola 74
Bianchi 74
Bierhoff, Oliver 54, 109
Bilic, Slaven 36
Binz, Manfred 58, 59
Blackburn Rovers 82
Bobic, Fredi 5, 7, 9, 20, 21, 22, 23, 25, 26, 34, 35, 46, 50, 52, 74, 78
Bochum VfL 110
Bodden, Olaf 98
Böhmert, Franz 16, 19
Böger, Stefan 92
Bongartz, Hannes 44
Bonhof, Rainer 108
Borowka, Uli 16
Borussia Dortmund 9, 16, 26, 28, 29, 32, 36, 39, 57, 59, 60, 90, 92, 94, 95, 99, 102, 103, 104, 115
Borussia Mönchengladbach 16, 26, 29, 38, 40, 43, 44, 84, 88
Branchini 50
Branco 113
Bratseth, Rune 16
Braun, Egidius 43, 122
Brehme, Andreas 52, 74, 85, 96, 99, 121, 122, 124
Breitner, Paul 104, 121, 122
Breitzke, Günter 59, 92
Breukelen, Hans van 75
Brügge FC 59
Buchwald, Guido 23, 40, 52, 58, 75, 102, 103

Cafu 113
Calmund, Rainer 107, 114
Capello, Fabio 16
Cardoso, Rodolfo 117
Careca 27
Carrera 92
Celtic Glasgow 59
Cerezo 27
Cerny, Harald 59
César, Julio 7, 16, 27, 28, 29, 31, 32, 92, 94
Chapuisat, Stéphane 36, 92
Charin 75
Cintra, Sousa 9
Conte, Antonio 29, 92
Corinthians São Paulo 112, 113, 114
Cruyff, Johan 66, 68

Dahlin, Martin 40
D'Alberto Callies 33, 36
Daum, Christoph 51, 52, 53, 112, 114, 115
De Beer, »Teddy« 59, 92
Dellwing 102
Del Piero, Alessandro 102
De Marchi 92
Derwall, Jupp 84
Di Canio 92
Dickel, Norbert 59, 92
Dietz, Bernard 84
Ditzingen TSF 22, 34, 35, 36
Dörner, Hans Jürgen 63
Doll, Thomas 40
Dost, Ulrich 120
Duisburg MSV 88
Dundee, Robin 33
Dundee, Sean 7, 22, 33, 34, 35, 36, 37, 46, 50, 74
Dundee, Veronica 33
Dunga, Carlos 9
Dynamo Dresden 98, 101, 104

Edberg, Stefan 84
Effenberg, Stefan 5, 7, 38, 39, 40, 42, 43, 44, 59, 89, 101, 119, 121
Effenberg, Martina 44
Eichberg, Günter 119
Eigenrauch, Ives 37
Eilts, Dieter 16, 18, 108
Eintracht Frankfurt 12, 92, 93, 94, 102
Elber, Giovane 5, 7, 9, 10, 22, 34, 45, 46, 50, 68, 74, 98
Elias, Zé 115
Etar Tarnovo 9, 10, 11
Everton FC 82

Fach, Holger 40
Falcão 27
Famulla, Alexander 72
Feichtenheimer, Michael 35
Feldkamp, Karlheinz 92, 93
Fernando, Gomez 68
Ferri 74
Florenz AC 40, 42
Fortuna Düsseldorf 36, 122
Franck, Thomas 92
Freiburg SC 28, 46
Freund, Steffen 16, 92, 108
Frey, Dieter 10, 59
Fringer, Rolf 9, 12, 50

Galia 92
Geislingen SC 78
Gerland, Hermann 119
Geye, Rainer 12, 13
Geyer, Matthias 17
Gingen TB 78
Girondins Bordeaux 85, 109
Gori, Cecchi 42
Gospodarek, Uwe 59
Grasshoppers Zürich 45, 46, 50
Greiner, Frank 93
Guarani Campinas FC 32

Habermann, Günther 95
Häßler, Angela 54
Häßler, Klaus 52, 53
Häßler, Thomas 7, 16, 33, 34, 37, 46, 51, 52, 53, 54, 90, 109, 118
Hamann, Dieter 59
Hamburger Sport-Verein 10, 16, 42
Hansa Rostock 58, 92
Happel, Ernst 66
Harforth, Michael 109
Heinrich, Jörg 92, 95
Held, Siggi 98
Helmer, Thomas 7, 43, 56, 57, 58, 59, 60, 89, 92, 110, 119, 124
Herrlich, Heiko 16, 26, 40, 92
Hermann, Helmut 109
Hermann, Peter 115
Hertha BSC Berlin 13, 19
Hertha Zehlendorf 122, 124
Herzog, Andreas 7, 12, 16, 19, 62, 63, 65
Herzogenaurach FC 88
Heynckes, Jupp 40, 84, 118, 119, 121
Hitzfeld, Ottmar 28, 32, 90, 104
Hochstätter, Christian 40, 43
Hölzenbein, Bernd 12
Hoeneß, Dieter 9, 12, 103
Hoeneß, Uli 12, 18, 40, 42, 67, 72, 74, 109, 118, 122
Horst-Emscher TSV 116, 118
Hotic, Demir 35
Hrubesch, Horst 34

Illgner, Bodo 18, 44, 52, 69, 78, 109
Immel, Eike 9, 112
Ingsund, Gordon 33
Inter Mailand 39, 73, 75, 76, 78, 84, 85, 88, 103, 104

Jakobs, Dietmar 118
Jorginho 50, 59, 112
Junior 27
Juventus Turin 27, 28, 29, 32, 42, 52, 92, 94, 107, 109, 125

Kahn, Axel 69
Kahn, Oliver 7, 59, 67, 68, 69, 71, 72
Kahn, Rolf 69
Kaiserslautern 1. FC 12, 13, 19, 23, 58, 98, 99, 115, 124
Kamps, Uwe 40
Karlsruher SC 34, 35, 36, 37, 51, 52, 53, 68, 69, 72, 95, 107, 109, 110
Kastenmaier, Thomas 40
Keller, Marc 34
Keßler, Georg 52
Kirjakow, Sergej 36
Kirsten, Ulf 103, 113, 114
Klinkert, Michael 40
Klinsmann, Deborah 82
Klinsmann, Jürgen 4, 7, 19, 22, 23, 34, 36, 37, 50, 52, 60, 73, 74, 75, 76, 78, 80, 82, 84, 85, 92, 102
Klos, Stefan 39, 92
Klug, Udo 98
Knup, Adrian 36
Kögl, Ludwig 118
Köln 1. FC 52, 99, 117, 118, 121
Köpke, Andreas 46, 58, 68
Köppel, Horst 92
Köster, Werner 114, 115
Kohler, Jürgen 16, 29, 43, 52, 58, 78, 92
Kostadinov, Emile 59, 109
Kovac, Nino 115
Krankl, Hans 66
Krauss, Bernd 44
Kree, Martin 92
Kreuzer, Oliver 59, 107
Kroth, Thomas 59, 92

Kruse, Axel 22
Kuntz, Stefan 12, 113
Kurz, Marco 92
Kutowski, Günter 59, 92
Kutschera, Albert 50
Kuzorra, Ernst 117, 120

Labbadia, Bruno 59
Langhans, Dieter 98
Latal, Radoslav 85
Lattek, Udo 116
Laudrup, Brian 119, 121
Lehnhoff, Hans-Peter 115
Lemke, Willi 43
Lerby, Sören 119
Letchkov, Yordan 9, 10
Lipcel, Peter 22
Littbarski, Pierre 42, 51, 52, 53, 118, 119, 121
Lodz LSK 97
Löhr, Hannes 52
Löw, Joachim 50
Löw, Jürgen 12
Londrina FC 46, 50
Lorant, Werner 99
Lüneburger SK 22
Lusch, Michael 59, 92

Magath, Felix 13, 84, 88
Mailand AC 16, 45, 50, 74, 124, 125
Mallam 92
Manchester City 74
Maradona, Diego 9, 84
Marocchi 92
Marwedel, Jörg 119
Matthäus, Lothar 7, 19, 42, 52, 58, 59, 60, 78, 83, 84, 85, 87, 88, 89, 90, 104, 106, 110, 119, 120, 124
Mayer-Vorfelder, Gerhard 46, 50
Mazinho, Valdemar 59
McLeod, Murdo 59, 92
Meier, Michael 26
Merkel, Max 56, 119
Meteor BFC 52
Mill, Frank 59, 92
Möller, Andreas 6, 7, 16, 28, 29, 32, 42, 59, 90, 92, 93, 94, 95, 96, 98, 102, 109, 110
Monaco AS 74, 76, 78
Montpellier SC 27, 32
Motor Lublin 98
Moutas, Dimitrios 35
Müller, Gerd 34, 35, 36, 37, 50, 74, 92, 104
Müller, Hansi 23
Münch, Markus 59, 115, 125

Nemec, Jiri 109
Nerlinger, Christian 59
Netzer, Günter 38, 39, 43, 92, 108
Neun, Jörg 40
Neustadt VfL 19
Nikiforow 75
Nordwest Karlsruhe SV 110
Noroeste Bauru 32
Nowak, Franz 97
Nowak, Peter 7, 97, 98, 99, 100
Nürnberg 1. FC 35, 58

Ohms, Matthias 93
Olsen, Morten 94
Osmers, Hans-Jörg 58
Overath, Wolfgang 27, 92, 108, 116

Paganin 74
Pagelsdorf, Frank 58
Parma AC 88, 113
Parreira, Carlos 94, 114
Pelé 32
Peruzzi 92
Pfaff, Jean-Marie 75
Pfeifenberger, Heimo 19
Pflipsen, Karlheinz 40
Pflippen, Norbert 42
Pilz, Hans-Uwe 98
Pizzi, Juan Antonio 68, 74
Platini, Michel 29
Porto FC 16, 84, 122
Povlsen, Flemming 92
Poschner, Gerhard 46
Prellwitz, Heinz 112, 114
Prohaska, Herbert 62, 63

Queiros, Carlos 11

Rai 113
Rainier, Fürst von Monaco 74
Rapid Wien 63, 66
Rausch, Friedel 98, 99
Ravanelli, Fabrizio 29, 92
Ravelli, Thomas 84
Real Madrid 44, 107
Reck, Oliver 16
Rehhagel, Otto 12, 13, 16, 17, 18, 34, 62, 63, 65, 66, 74, 82, 108, 109, 110
Reinhardt, Knut 92
Reinickendorfer Füchse 52
Reitmayer, Claus 35
Reuter, Stefan 16, 52, 92
Ribbeck, Erich 58, 89, 108, 110, 114, 115, 119

Ricken, Lars 92
Riedle, Karlheinz 16, 33, 84, 92
Riehtmann 92
Röber, Jürgen 45, 46, 50
Roggensack, Gerd 57
Rom AS 34, 52, 54, 74, 114
Rommel, Günter 22
Ronaldo 102
Roter Stern Belgrad 40
Rot-Weiß Essen 13, 16, 19, 66
Rudow TSV 124
Rühl, Carl-Heinz 107
Rüßmann, Rolf 26, 42, 43
Rufer, Wynton 16, 66
Rummenigge, Karl-Heinz 19, 40, 96, 107, 110
Rummenigge, Michael 59, 92

Saftig, Reinhard 57
Sammer, Klaus 101
Sammer, Matthias 7, 16, 28, 29, 32, 40, 43, 46, 56, 58, 59, 89, 92, 94, 101, 102, 103, 104, 106
Scifo, Enzo 102
Schäfer, Günther 75
Schäfer, Ulrich 89
Schäfer, Winfried 36, 51, 53, 54, 68, 69, 72, 107, 109, 110
Schafstall, Rolf 23, 35
Schalke 04 FC 85, 104, 116, 117, 118, 119, 120
Scherzer, Hartmut 92
Schmadtke, Jörg 95
Schmidt, Bodo 92, 99
Schmieder, Roland 34
Schmitt, Edgar 36
Schock, Gerd-Volker 42
Scholl, Mehmet 7, 46, 54, 59, 63, 68, 107, 108, 109, 110
Schumacher, Toni 67, 117, 119
Schupp, Markus 59
Schuster, Bernd 112, 113, 114
Schwabl, Manfred 100
Schwarz-Weiß Frankfurt 94
Seeler, Uwe 74, 118
Sergio, Merlo 114
Sergio, Paolo 7, 50, 112, 113, 114, 115
Serena, Aldo 74
Sforza, Ciriaco 12, 59, 99
Shearer, Alan 102

Siebert, Günter 117, 118
Sigurvinsson, Asgeir 103
Sobotzik, Thomas 101
Sócrates 27, 29, 113
Sofia ZSKA 11
Soldo, Zvonimir 12
Spanring, Martin 46
Sporting Lissabon 9, 10, 11
Stade Brest 27, 32
Stange, Bernd 13
Stein, Uli 93, 115
Stepanovic, Dragoslav 92, 114
Sternkopf, Michael 59, 107
Stevic, Miroslav 99
Stimac 96
Stoitchkov, Christo 10
Storck, Bernd 59, 92
St. Pauli FC 34, 36, 102
Strunz, Thomas 59, 121, 122
Stuttgart VfB 9, 10, 12, 20, 22, 23, 26, 35, 37, 45, 46, 50, 59, 74, 75, 76, 78, 102, 103, 104, 112, 122
Stuttgarter Kickers 22, 34, 35, 36, 77, 122
Südstern 08 FC 122, 124
Szepan, Fritz 117, 120

Täuber, Klaus 118
Tanko, Ibrahim 92
Tennis Borussia Berlin 36
Thiam, Pablo 9
Thom, Andreas 103, 113, 114
Thon, Olaf 7, 40, 58, 59, 88, 116, 117, 118, 119, 120, 121, 122
Tita 50, 112
Todt, Jens 19, 108
Tönnies, August 36
Torricelli 92
Tottenham Hotspur 74, 76, 78
Trapattoni, Giovanni 19, 52, 56, 78, 108, 110, 122, 125
Trares, Bernhard 100
Trautmann, Bernd 74
Tretschok, René 92

Uerdingen 05 KFC 34, 36

Valber 113
Valencia, Adolfo 59, 109
Valencia FC 19, 68
Vassile, George 11
Velez Mostar 59
Vialli, Gianluca 29, 92

Vienna Wien 63
Viktoria Hamburg 40, 42
Völler, Rudi 20, 22, 34, 35, 37, 51, 52, 54, 78, 102, 113
Vogts, Berti 16, 17, 18, 20, 22, 36, 37, 38, 40, 42, 43, 51, 52, 53, 54, 58, 67, 68, 74, 78, 82, 84, 85, 89, 90, 96, 101, 102, 104, 106, 108, 110, 114, 119, 122, 124
Vollmer, Ralf 35

Wagner, Martin 99, 124
Wark, John 74
Weah, George 74
Weber, Rolf 92, 108
Wegmann, Jürgen 118
Wegmann, Uwe 12
Weisweiler, Hennes 121
Werner, Wolf 39
Widzew Lodz 98
Wiedener, André 16
Wiesel, Wolf-Günter 95
Wildmoser, Karl-Heinz 99, 100
Wimmer, Rudi 72
Winkler, Bernhard 98
Witeczek, Marcel 59, 109
Wlokniarz Pabianice 97, 98
Wohlfahrt, Franz 12
Wohlfarth, Roland 118, 121
Wolfsburg VfL 40
Wollitz, Claus-Dieter 12
Wolters, Carsten 92
Wouters, Jan 59, 122
Werder Bremen 16, 18, 19, 29, 36, 43, 59, 62, 63, 66, 92, 104
Wück, Christian 59
Wynalda, Eric 110
Wynhoff, Peter 40

Yeboah, Anthony 113
Young Boys Bern 98

Zawisza Bydgoszcz 97, 98
Zdebel, Thomas 25
Zelic, Ned 92, 103
Zenga, Walter 74
Zickler, Alexander 59
Zico 27, 84
Ziege, Christian 7, 18, 59, 121, 122, 124, 125
Ziege, Hilda 124
Zinho 113
Zorc, Michael 59, 92, 104

Lektorat und Bildredaktion:
Julia Niehaus

Produktion und Layout:
Verlagsservice Dr. Helmut Neuberger
& Karl Schaumann GmbH

Titelbild: Hans Rauchensteiner
Rücktitel: Lorenz Baader

Abbildungen Innenteil:
Rauchensteiner: S. 1, 2/3, 8, 17, 27, 29, 32, 33, 43, 53, 54, 61, 62, 68, 69, 70/71, 72, 82 oben, 85, 86/87, 89, 90, 91, 95, 97, 99, 100, 103, 105, 106, 113, 114, 116, 121
Bongarts: S. 4, 4/5, 6, 9, 10, 11, 12, 13, 14/15, 18, 19, 23, 30/31, 34, 35, 37 unten, 38, 39, 45, 47, 48/49, 59, 60, 63, 73, 75, 76 (3) 77 (2) oben, 79, 80/81, 83, 84, 93, 102, 110, 112, 123, 125, 128
SVEN SIMON: S. 5, 20, 26, 41, 44 oben, 58
firo: S. 6/7, 24/25, 44 unten, 55, 57, 82 unten, 88, 92, 96, 107, 115, 119
action sport/ Allsport: S. 21
Werek: S. 28, 37 oben, 56, 64/65, 67, 76/77 unten, 108/109, 111, 120
Wilfried Witters: S. 51, 101, 117, 124

S. 2/3: Mehr als zehn Jahre Bundesligaerfahrung: Thomas Helmers Karriere begann 1986 beim BVB, seit 1992 spielt er für Bayern München.

Redaktionsschluß: 1. März 1997

Die Deutsche Bibliothek –
CIP-Einheitsaufnahme
Die besten Bundesligaspieler/
Karlheinz Mrazek. –
München: Copress-Verl., 1997
(Top 20)
ISBN 3-7679-0521-3
NE: Mrazek, Karlheinz

© 1997 Copress Verlag GmbH,
München
Alle Rechte vorbehalten.
Wiedergabe, auch auszugsweise,
nur mit ausdrücklicher Genehmigung des Verlags.
Gesamtherstellung: Bruckmann,
München
Printed in Germany
ISBN 3-7679-0521-3